운동 말고
움직임
리셋

통증 없이

백 세까지 살고 싶다면

운동 말고 움직임 리셋

홍정기 지음

EBS BOOKS

지금 잘못 움직이고 있어요

거북목, 어깨 결림, 허리디스크, 무릎 통증 등 근골격계 통증 하나 겪어보지 않은 사람이 없습니다. 만성 통증은 현대인의 고질병이죠. 통증 때문에 병원이나 피트니스센터에 가면 가장 많이 듣는 이야기가 '운동 부족'입니다. 그런데 이 운동이란 게 참 묘합니다. 하면 할수록 더 아픈 거예요. 왜 그럴까요? 운동 부족 때문에 아픈 거라고 해서 운동을 했더니 더 아프다니…. 대답은 간단합니다. 잘못된 방법으로 움직인 겁니다.

대부분의 현대인이 관절 고유의 움직임을 잃어버렸다고 해도 과언이 아닙니다. 이동수단의 발달, 과도한 업무와 디지털 기기의 사용 등으로 인해 움직임의 패턴이 완전히 무너져버렸죠. 통증의 근본 원인이 바로 여기에 있습니다.

통증에서 벗어나려면 제대로 움직여야 합니다. 내 몸이 할 수 있는 범위를 넘어서서 무리하게 운동하면 아픈 게 당연하죠. 그 통증을 참으면서 운동하면 나중에는 정말 통증에서 벗어날 수 있을까요? 아닙니다. 통증을 참으며 운동하면 점점 더 아파질 뿐입니다. 내가 왜 아픈지 정확히 알고, 어떻게 움직이면 통증에서 벗어날 수 있는지를 깨닫은 후에 운동을 해야 합니다. 즉, 무작정 운동하기보다는 올바른 움직임을 되찾기 위한 '움직임 리셋'이 필요합니다.

올바른 움직임을 되찾는, 그리고 요즘 같은 시절에 실내에서 할 수 있는 가장 좋은 운동법은 스트레칭인데요. 저는 무리해서 늘이고 버티는 기존 스트레칭과는 다른, 아주 쉽고도 효과적인 '동적 스트레칭'을 알려드리고자 합니다. 간단하게 얘기하면, 관절이 본래 타고난 움직임을 가볍게 반복하며 움직임에 대한 자신감을 되찾고 운동 신경을 되살리는 것입니다.

동적인 스트레칭을 활용해 제대로 움직이는 법을 익히면 1분만 움직여도 신경의 문이 열리면서 통증이 사라지는 놀라운 경험을 하게 됩니다. 얼굴이 벌게지도록 힘을 쓰는 운동, 근육이 터지도록 몸을 늘이는 운동, 관절에 문제가 생길 때까지 몸을 꺾는 운동은 효과를 거두기 전에 부상으로 마무리될 가능성이 높습니다. 실제 운동 중에 관절 부상을 입을 확률이 50~75%에 이른다는 사실을 잊어서는 안 됩니다.

이 책은 많은 시청자들께 사랑받은 EBS 클래스ⓔ 〈맨손 통증 치료법〉에서 소개한 부위별 운동법을 기본으로 하고 있습니다. 여기에 방송에서는 일일이 설명할 수 없었던 근골격계의 구조와 운동 원리 등을 자세히 담았지요. 집에서 가볍게 따라 하는 것만으로도 분명 통증에서 벗어날 수 있을 겁니다. 통증의 원인과 운동의 원리를 이해한 뒤 통증이 있는 부위를 천천히 움직이며 운동 범위를 조금씩 넓혀보세요. 가볍고 편안하게 시작하는 유쾌한 동작으로 통증은 사라지고 자신감은 되찾을 수 있을 거예요.

이 책이 통증에서 벗어나 자연스럽고 편안한 움직임을 회복하는 데 도움이 되길 바랍니다.

운동과학 박사 홍정기

Contents

PART 3

초집중 1분, 통증이 사라지는 기적의 운동

바른 움직임을 회복하는 신체 부위별 운동

PART 4

스포츠의학 전문가가 풀어주는 통증·운동 Q&A

통증에 관한 궁금증

운동에 관한 궁금증

부록

PART 1

잘못된 움직임이 통증을 만든다

움직이는 법을 잊어버린 사람들

사고를 당한 적도, 특별히 다친 곳도 없는데 갑작스러운 통증에 당황스러울 때가 있다. 아침에 침대에서 일어나 발을 디딜 때 송곳으로 발바닥을 찌르는 듯한 통증, 신발을 신으려고 허리를 숙이다가 담이 결리며 허리가 뻣뻣해지는 느낌, 출근길 흔들리는 버스 안에서 손잡이를 잡고 버티다 팔꿈치에서 느껴지는 찌릿한 통증…. 어느 날 갑자기 들이닥친 이런 통증과 마주하게 되면 나도 모르게 몸이 움츠러든다. '갑자기 왜 이러지? 이러다 큰일 나는 거 아닌가?' 싶어 긴장감이 고조된다.

대개 통증은 나이 든 사람들만의 이야기라고 생각하는데, 결코 그렇지 않다. 기껏 건강을 위해 운동을 했는데 오히려 그 운동 때문에 통증을 겪는 20~30대도 많다. 그런데 이런 통증의 대부분이 '잘못된 움직임'과 '잘못된 자세' 때문에 일어난다는 것을 아는 사람이 과연 몇이나 될까? 아마 평소 운동을 잘 안 하는 본인을 탓할 뿐 잘못된 움직임 때문이라고 생각하는 사람은 별로 없을 것이다. 하지만 일상의 움직임은 물론 운동도 '제대로 잘' 움직여야 물 흐르듯 매끄러운 동작을 만들 수 있다. 통증을 느끼거나 불편한 증상이 이어진다면 내 '움직임'부터 점검해봐야 한다.

본래의 사용법대로 사용하지 않은 탓

움직임의 핵심인 관절은 뼈와 인대, 근육 등으로 이루어져 있다. 잘못된 방법으로 움직이거나 과도하게 사용하면 어떻게 될까? 관절 주변에 염증이 생기거나 손상을 입어 통증이 발생한다. 이를 통칭해 '퇴행성 관절염'이라고 한다. '퇴행성'이라는 말에는 노화의 뜻이 담겨 있다. 나이가 들 때까지 평생 사용했기 때문에 관절의 연골이 닳거나 인대가 손상되어 움직일 때마다 통증을 유발한다는 이야기다.

문제는 이런 통증이 중년기 이후에만 발생하는 게 아니라는 사실이다. 최근에는 20~30대에서도 나타난다. 노화 외에 잘못된 생활습관이나 편중된 관절 사용, 운동 부족, 비만 등이 원인으로 작용한다. 관절을 타고난 본래의 운동 기능대로 사용하지 않거나 잘못된 방법으로 사용한 결과다. 모든 관절에는 적절한 사용 방향과 각도, 강도가 있다. 그런데 무리해서 늘리거나 빙빙 돌리거나 반복적으로 충격을 가하면 탈이 날 수밖에 없다. 관절로 인해 겪는 문제의 상당수는 애초에 만들어진 대로 사용하지 않기 때문에 생긴다.

기본적인 움직임을 잃어버린 사람들

관절의 구조와 근육 작용에 의해 정해져 있는 관절의 매끄러운 운동 능력을 '가동성Mobility'이라고 한다. 우리가 흔히 말하는 '유연성'이다. 가동성에는 성별이나 연령이 큰 변수로 작용한다. 기능해부학적으로 여성이 남성보다 가동성이 평균적으로 높고, 노화가 시작되어 인대의 탄성이 떨어지면서 가동성이 저하되는 경향이 있다. 또 관절에 따라 자주 쓰는 부위는 가동 범위가 크다.

20대 여성 체조선수와 40대 사무직 남성의 신체 가동성을 비교해 보자. 두 사람은 완전히 다른 신체구조를 가지고 있는 것처럼 보이지만 해부학적으로 거의 같은 구조를 갖고 태어났다. 하지만 성별과 나이, 사용 패턴에 따라 신체 가동성에는 엄청난 차이가 난다. 모든 근육을 사용하는 체조선수는 아주 정교하고 복잡한 동작이 가능하다. 반면 주로 앉아서 생활하는 사무직 남성은 상자 안에 갇힌 것처럼 제한된 움직임 속에서 살아간다. 가동성이 매우 떨어질 수밖에 없다. 고도화된 산업환경에 맞춰 인간의 움직임은 반복되는 작업,

늘어나는 업무량, 잘못된 자세 등에 포획되어 인간에게만 주어진 가동성과 정교함을 잃어가고 있다.

죽을 때까지 두 발로 걸을 수 있을까

인체에는 140여 개의 관절이 있다. 우리가 생활하면서 관절을 움직이는 횟수는 하루 평균 10만 회 정도다. 사람의 수명이 다할 때까지 관절을 쓸 수 있다면 좋겠지만, 안타깝게도 무한정 사용할 수 있는 게 아니다. 각각 사용 한계가 있어 사용한 세월이 길수록 노화가 일어나고, 사용한 횟수가 많아질수록 퇴행이 일어난다.

예를 들어 무릎관절의 평균 수명은 70세 정도다. 그런데 과도하게 무릎 운동을 하거나 반대로 운동이 너무 부족한 경우, 다리를 꼬고 앉거나 한쪽 다리로 서 있는 자세, 하이힐을 신는 생활습관 등에 의해 수명이 더 줄어들 수 있다. 백세시대를 살면서 마지막 30~40년을 내 발로 걸을 수 없다면 이보다 더 큰 재앙은 없을 것이다. 요즘 '죽을 때까지 두 발로 걷기' 캠페인에 사람들의 관심이 쏠리는 것도 이 때문이다. 두 발로 걷고 목이나 허리, 어깨 등을 자유롭게 움직일 수 있는 사람과 그렇지 않은 사람은 삶의 질에서 큰 차이가 난다.

걷기는 사람을 살리는 운동이다. 시각, 청각 등의 감각을 통합적으로 사용하며 반사작용, 전정기관까지 모두 활용한다. 전신 근육도 자극한다. 40분~1시간 동안 시속 3~4km 속도로 걸으면 건강을 유지하고 체력을 향상시키는 데 큰 효과를 얻을 수 있다.

걸을 때는 스스로 가장 편안한 자세와 속도로 뇌의 최적화된 리듬을 찾아가며 걷는 것이 중요하다. 그런데 주변을 둘러보면 걸음걸이가 부자연스러운 사람들이 많다. 큰 보폭으로 무릎을 구부리고 걷는 사람, 등을 구부정하게 하고 걷는 사람, 팔을 몸에 붙여 걷거나 부자연스럽게 흔드는 사람을 쉽게 볼 수 있다. 이 역시 앉아서 많은 시간을 보내고 걷는 일이 확 줄어들면서 움직임과 자세가 잘못되었기 때문이다.

운동하고 있나요,
근육을 학대하고 있나요?

어깨와 무릎이 결리고, 허리가 찌뿌둥해서 병원을 찾으면 "운동 부족입니다. 운동을 하면 좋아질 거예요"라는 이야기를 종종 듣는다. 하지만 막상 운동을 시작하려고 하면 무슨 운동을 어떻게 해야 할지 막막하다. 무턱대고 피트니스센터에 가서 다짜고짜 벤치프레스부터 들 수는 없는 일 아닌가!

몇 년 전부터 여성들 사이에선 필라테스와 요가가 유행처럼 번지고 있다. 기구를 이용한 필라테스가 최고의 재활 치료라고 맹신하는 사람도 많다. 하지만 자신의 몸 상태를 정확하게 점검하지 않고 시작한 운동이 화근이 되어 통증으로 이어지는 경우는 매우 흔하다. 나에게 필요한 운동이 무엇인지, 어떤 방법으로 해야 할지 먼저 알아야 한다. 진짜 운동은 그때부터 시작된다.

잘못된 운동을 할 바엔 차라리 안 하는 게 낫다

그렇다면 어떤 운동을 어떻게 해야 할까? 과거에는 몸을 다듬거나 근육을 키우는 보디빌딩, 심폐 능력을 향상시키는 에어로빅 정도가 전부였다. 지금이라고 해서 크게 달라지진 않았다. 운동기구나 스타일, 이름만 조금 바뀌었을 뿐 여전히 근육을 키우고 체형을 다듬고, 체중을 감량하기 위해 운동을 한다.

그런데 요즘 피트니스센터에 가본 적이 있는가? '운동=상체 중량 운동'이라는 등식이 새로 생긴 듯하다. 하체 운동은 거의 하지 않고 어깨와 가슴 근육만 키우고 부풀리는 소위 '벌크업Bulk Up'에 무섭게 몰입하는 사람들을 볼 수 있다. 무거운 바벨을 들거나 케이블을 잡아당기는 등 극단적인 동작으로 근육을 혹사한다. 근육이 터지고 재생되는 과정에서 근육이 커진다는 잘못된 신화 때문이다. 특정 근육을 지나치게 트레이닝하는 것은 근육에 무리를 줄 수 있다. 게다가 근육통이 생긴 부위를 계속해서 단련하면 오히려 혈액순환이 나빠져 근육이 경직된다. 몸의 균형이 깨지는 건 말할 것도 없다.

몸의 균형을 바로잡고 근력과 유연성을 기르는 데 도움을 주는 요가와 필라테스도 관절에 악영향을 끼칠 수 있다. 실제 오랫동안 요가나 필라테스를 해온 사람 중에 고관절이 손상되어 수술을 받은 사례가 적지 않다.

유산소 운동도 마찬가지다. 무리한 운동은 무릎과 허리에 통증과 염증을 유발할 수 있다. 운동을 심하게 하면 몸속의 활성산소가 많아져 노화가 빨라진다는 건 널리 알려진 이야기다. 격렬한 유산소 운동은 코르티솔 수치도 증가시킨다. 코르티솔 수치가 높아지면 지방이 연소되지 않고 몸속에 쌓인다. 특히 복부 내장지방은 산화적 스트레스를 유발해 항산화 방어체제를 무력화시키고 만성 염증으로 이어진다. 마라톤, 사이클, 스쿼시, 수영처럼 장시간 지구력을 요하는 운동을 특히 주의해야 한다.

건강을 유지하기 위해, 통증 없는 삶을 살기 위해 운동은 필수다. 하지만 잘못된 운동을 할 바엔 운동을 안 하는 게 건강에 훨씬 낫다.

강도 높은 운동이 나를 더 아프게 한다

최근 새로 등장한 운동 트렌드는 '보디웨이트 트레이닝'이다. 말 그대로 자신의 체중을 이용해 운동하는 것으로, 자신의 몸도 잘 움직이지 못하면서 왜 그렇게 무거운 걸 들고 운동하느냐는 문제의식에서 시작됐다. 인체의 모든 관절은 태어날 때부터 최적화된 움직임을 갖고 있는데 왜 굳이 관절에 중량이나 스트레스를 전달해 아프게 만들어야 하느냐는 것이다.

굳이 나이를 따질 일은 아니지만, 노년을 바라보는 중장년층에게 근력 강화는 아주 중요하다. 특히 몸이 굳기 시작하는 40대가 되면 근육, 관절, 신경 등이 빠른 속도로 약해지기 때문에 근력 강화는 필수다. 근력 운동은 근육을 튼튼하게 만들고 근골격계 통증을 완화시킨다. 또 관절에 연결된 근육을 강화해 유기적으로 힘을 낼 수 있게 만들며 부상도 막아준다. 하지만 그동안 우리가 해온 근력 강화를 위한 과도한 중량 운동이나 무리한 유연성 운동이 역으로 우리 몸에 해를 끼칠 수 있다는 사실을 알아야 한다.

운동 중 관절 부상 확률은 50~75%

내 몸을 위해 하는 운동이 오히려 관절과 근육을 학대하는 결과를 불러올 수 있다. 한동안 유행했던 일자로 다리 찢기 등 자신의 관절 범위를 벗어나는 동작이나 오버 트레이닝 같은 잘못된 운동은 부상을 부른다. 실제 운동 부상으로 병원을 찾는 이들이 많은데, 운동하다가 멀쩡했던 관절과 근육, 인대를 다칠 확률은 50~75%나 된다.

극한의 경지까지 자신을 몰아붙이는 체력 훈련이나 근육을 크게 부풀리는 운동은 보기에는 멋있을진 몰라도 잃는 게 많다. 근육이 경직되기 때문이다. 일상에서 팔을 머리 위로 올려야 하는 동작을 할 때 그렇게 큰 근육은 필요하지 않다. 운동은 오히려 경직된 근육을 풀어주는 것을 목표로 해야 관절의 가동성을 높이고 유연성을 향상시킬 수 있다.

최근 젊은이들 사이에서 유행처럼 일고 있는 시티 러닝City Running도 주의가 필요한 운동이다. 준비되지 않은 몸으로 그룹 운동에 참여하다 보면 자신의 체력 범위를 넘어서게 될 가능성이 크다. 다양한 체력 조건을 갖춘 사람이 모이는 그룹 운동은 일정 수준의 유연성과 가동성을 갖춘 뒤 참여하는 것이 바람직하다.

MZ세대의 새로운 취미로 떠오른 골프 역시 대중화된 만큼 부상도 많다. 스윙 스피드는 평균 시속 90~100km를 넘어간다. 속도가 많이

부상이 뒤따르는 대표적인 운동

- **저항 운동 :** 덤벨, 바벨, 밴드 등 기구를 이용해 근육을 강화하는 운동이다. 흥분된 상태에서 저항 운동을 하는 경우 무리한 가속이 부상으로 이어진다. 가속력은 언제나 위험하다. 너무 빠르게 점프를 하거나 스텝박스를 오르는 것도 무릎 연골과 인대에 손상을 줄 수 있다.
- **중량 운동 :** 케틀벨을 던지다 어깨가 너무 많이 올라가서 부상을 당하는 경우가 많다.
- **스트레칭 :** 경직된 상태에서 과신전이나 과도한 이완이 진행되면 부상 위험이 높다.
- **요가·필라테스 :** 과도한 범위로 신체를 구부리거나 펴면 척추의 인대나 연골에 부담이 커진다. 디스크 탈출이 일어나는 경우도 많다.
- **철봉 운동 :** 철봉을 하다 어깨 손상이 오는 경우는 매우 흔하다.

나는 사람은 160km까지 빠르게 휘두른다. 자신의 관절 가동 범위를 넘어서 과하게 운동하다 컨트롤이 안 되면 척추가 과도하게 회전해 부상을 입을 수 있다. 운동 범위가 자신의 관절 상태와 맞지 않은 경우 어떤 종목이건 부상 가능성이 있음을 잊어서는 안 된다.

코어 강화 운동의 함정

반드시 짚고 넘어가야 할 것 중에 코어Core 강화 운동을 빼놓을 수 없다. 코어 강화 운동은 등과 복부, 엉덩이 근육을 강화해 자세를 바르게 교정하고 척추의 안정성을 높이며 근력을 향상시키는 데 목적이 있다. 하지만 코어 강화 운동의 가능성과 위험성에 대한 논란은 지금까지 이어지고 있다. 과도한 속근육(코어 근육) 강화는 복부, 허리, 어깨 등에 힘이 들어가 부상을 유발할 수 있기 때문이다.

흔히 속근육이 코르셋처럼 단단하게 체간을 붙잡아야 척추의 안정성이 높아지고 통증에서 벗어날 수 있다고 생각하지만, 사실은 정반대다. 몸통의 안정성은 유연성 안에서 이루어져야 한다. 허리를 강화한다는 것이 결과적으로 허리를 뻣뻣하게 만들면 더 큰 문제가 생길 수 있다. 허리는 움직임에 따라 자연스럽게 구부러지고 펴져야 한다. 발달된 근육 때문에 움직임이 방해를 받는다면 그 운동은 잘못된 방향으로 가고 있는 셈이다.

통증을 이겨내며 운동하면 점점 더 아프다

'러너스 하이Runners' high'라는 말을 들어본 적이 있는가? 마라톤을 하는 과정에서 극강의 고통을 넘어서는 순간 엔도르핀이 분출되며 느끼는 행복감을 말한다. 중간 강도의 운동을 30분 이상 지속했을 때 느끼는 쾌감으로, 이 뒤로는 다리와 팔이 가벼워지고 리듬감이 생기며 피로가 사라지면서 새로운 힘이 생긴다.

많은 사람이 다양한 운동에서 이런 순간을 기대한다. 물론 운동을 하다 보면 '내가 지금 한고비를 넘겼구나' 하는 순간이 분명히 있다. 하지만 이 또한 그날그날의 컨디션에 따라 다르고 심리적 상태가 영향을 미치기 때문에 일반화하기 어렵다.

러너스 하이를 경험한 사람들은 달리기에 중독되는 경우가 많다. 무릎 연골이나 인대, 근육이 손상돼도 달리기를 멈추지 못한다. 운동으로 건강을 지키고 인체의 역량을 극대화하려는 본래의 목적은 잊고 쾌감과 행복감을 느끼기 위해 부상도 무릅쓰는 것이다.

내 지인 중에도 있다. 마라톤에 빠져 나이 50도 안 되어 무릎 연골이 다 닳아 없어졌다. 어쩔 수 없이 인공관절 수술을 받고 지금까지 재활 치료를 받고 있다. 결국 그는 그렇게 좋아하던 달리기를 다시는 할 수 없게 되었다.

무리한 운동으로 몸이 상하는 사람들

아픈데 왜 참고 운동하는 걸까? '운동=건강에 좋다'는 고정관념을 왜 갖게 된 걸까? 프로 운동선수도 아닌데 굳이 그렇게 몸을 혹독하게 단련할 필요가 있을까? 무엇보다 그 운동이 건강과 삶의 질을 개선하는 데 진짜 도움이 되긴 하는 걸까?

사람은 타고난 신체 조건이 모두 다르다. 이것이 운동을 시작할 때 기억해야 할 첫 번째 포인트다. 운동하기 좋은 몸을 타고난 사람들이 있다. 이들은 고강도 운동을 해도 지치거나 다치지 않는다. 이런 사람들이 전문적인 훈련을 통해 운동선수가 되는 것이다. 그렇지 않은 대부분의 사람은 나이가 들면서 자연스럽게 근육이 약화되고 노화를 겪는다.

40대를 넘어선 사람이 20~30대에 했던 운동 강도나 방법을 그대로 시행하면 다친다. 근육, 인대, 힘줄, 뼈에 손상이 오고 관절에 무리가 온다. 우리 몸의 뼈와 근육, 관절은 늙는 속도가 각기 다른데 관절이 가장 먼저 노화된다. 따라서 세월과 함께 달라지는 몸의 변화를 받아들이고 관절에 무리가 가지 않는 선에서 운동 강도를 조절해야 한다. 무거운 바벨이나 덤벨을 들고 고강도 운동을 하다 연골이 닳아 없어지거나 허리에 손상이 오는 경우가 너무 많다.

몸에 생기는 통증은 경고 신호다

물론 관절과 디스크가 운동 한두 번 잘못했다고 해서 망가지는 것은 아니다. 몸은 잘못된 자극이 들어올 때 여러 번의 경고 신호를 보낸다. 그게 바로 통증이다. 한 부위가 뻐근하거나 결린다면 그건 몸이 통증을 통해 도와달라고 소리치는 중이다. 그럴 때는 몸이 보내는 신호를 민감하게 인지하고 자세를 바로잡거나 휴식을 취해야 한다. 이때 통증이나 결림 등의 신호를 단순한 근육 뭉침으로 여기고 무시하면 걷잡을 수 없을 정도로 일이 커진다.

더 나쁜 행동은 통증을 더 강한 운동으로 극복하려 하는 것이다. 많은 사람이 운동하는 동안 일어나는 통증을 쾌통이라 여기며, 근육이 더 강해지는 과정이라고 착각한다. 그런 생각으로 운동하는 동안 인대의 손상과 염증은 더욱 심해지고 관절과 디스크는 돌이킬 수 없는 지경에 이른다. 비전문가들의 조언이나 자신의 섣부른 판단에 기대지 말자. 일상에 지장을 줄 정도로 통증이 나타났다면 바로 병원을 찾아 정밀검사를 받아야 한다.

PT와 마사지가 다 좋은 건 아니다

안 하던 운동을 갑자기 하면 통증이 생긴다. 누구나 한 번쯤은 겪어봤을 근육통으로, 자연스러운 생리적 현상이다. 운동은 스트레스 호르몬을 분비시키고 근육에 피로물질을 쌓이게 한다. 하지만 제대로 운동하면 통증은 가볍게 지나간다. 스트레스 호르몬의 분비를 최소화해 근육의 불편감이 짧은 시간에 점진적으로 분산되기 때문이다. 흔히 쾌통이란 말을 많이 쓰는데, 기분 좋은 근육통을 가리키는 것으로 괴로운 근육통과는 다르다.

최근 트레이너에게 PTPersonal Training를 받는 사람이 늘고 있다. 그런데 PT를 받을수록 근육통 때문에 점점 더 힘들고 아프다는 말을 종종 듣는다. 원인이야 많겠지만, 그중 상당수가 트레이너의 잘못된 운동 지도 때문이다. PT를 받는 동안 근육통이 생기는 건 당연하며, 이때는 더 강도 높은 운동으로 극복해야 한다는 잘못된 신념을 가진 트레이너들이 있다. PT는 전문성을 갖춘 트레이너에게 받아야 한다. 개인의 운동 능력과 체력을 민감하게 고려해 프로그램을 설계하고,

동작을 하나하나 정확하게 실행할 수 있게 이끄는 사람이어야 한다. 그래야 통증이나 부상 없이 운동 효과를 볼 수 있다.

근육통을 해소하고 싶을 때 가장 먼저 떠올리는 마사지도 비슷하다. 대개 뭉친 근육을 풀기 위해 마사지를 받는데, 강한 압박은 오히려 경직된 근육이 풀리는 것을 막는다. 인체의 방어기전이 작동하는 것이다. 마사지를 받을 때 힘을 빼라고 하는데 사실 그건 불가능에 가깝다. 강한 자극이 들어오는 데 힘을 뺄 수 있는 사람은 많지 않다. 피부를 가볍게 마사지해 근막을 이완시키는 게 더 효과적이다.

통증을 유발하는 동작은 피하는 게 정답

통증이 생기면 운동을 통해 근육을 더욱 강화해야 한다는 것이 지금까지의 상식이었다. 아픔을 견디며 운동을 해야 근력을 얻고 통증에서 벗어날 수 있다는 이유에서다. 하지만 이 상식은 잘못되었다. 고통스러운 훈련으로 근육을 강화하는 동안 오히려 근막의 긴장도가 높아져 통증이 만성화될 수 있다. 스트레칭도 마찬가지다. 장시간 하다 보면 다른 근육이 경직되어 또 다른 통증으로 이어질 수 있다.

통증은 피해야 한다. 어딘가 불편하면 통증을 야기하는 자세를 피하고 그 부위를 편안하게 만드는 것이 먼저다. 더불어 통증 부위의 근육과 근막의 유연성을 되살리면 통증은 자연스럽게 사라진다.

근육통은 알고 보면 대부분 근막통이다

과거에는 어깨가 결리거나 허리가 아프면 그 원인을 근육이나 관절에서 찾았다. 하지만 의학이 발달하면서 근막의 유착과 변형이 원인으로 밝혀졌다. 근막은 피부 바로 밑에서 근육을 감싸고 있는 막으로 근육이나 근섬유, 내장 같은 조직은 각각 독립된 근막으로 뒤덮여 있다. 근막은 근육의 안정성을 높일 뿐 아니라 인접하는 조직의 완충재 역할을 한다. 그로 인해 신체 각 부위가 원활하게 움직일 수 있다.

근막의 또 다른 이름, 제2의 골격

근막은 엑스레이나 MRI 촬영을 해도 잘 나오지 않는다. 하지만 근육의 겉면을 감싸고 보호하는 중요한 기능을 한다. 근막은 85% 정도 수분으로 이루어져 있어 젤리처럼 유연하며, 두 가지 단백질로 구성되어 있다. 하나는 부드럽고 강하지만 신축성이 없는 콜라겐이고 다른 하나는 고무처럼 탄력성을 지닌 엘라스틴이다. 이 두 단백질은 몸의 움직임에 따라 늘어났다 줄어들었다 하면서 몸이 올바른 자세를 유지하고 원활하게 움직이도록 해준다. 근막을 '제2의 골격'이라 부르는 이유가 바로 이 기능 때문이다.

근막통은 왜 생기는 걸까?

근육이 과도하게 긴장하거나 스트레스를 받으면 조직이 손상되고 근육세포 내의 칼슘 농도 조절에 이상이 생기면서 통증이 발생한다. 다시 말해 장시간 똑같은 자세를 취하거나 신체의 한 부분만 혹사당하는 상태가 지속되면 해당 부위의 근육이 늘어난다. 그러면 신경계는 관절의 불안정을 예방하기 위해 방어작용을 펼치기 시작한다. 늘어난 근육을 되돌리기 위해 힘을 쓰는 것이다. 그런데 이때 무리한 힘이 가해지면 근육이 늘어난 채로 경직된다. 근막이 회복력을 잃게 되어 근막에 변형이나 당김이 발생하는 것이다. 이렇게 근막이 경직되면 근막 간에 마찰이 생겨 각 조직의 움직임이 원활해지지 않는다. 또 혈관이 근막을 조이면서 혈액순환이 나빠져 결국 통증을 일

| 근막 조직도 |

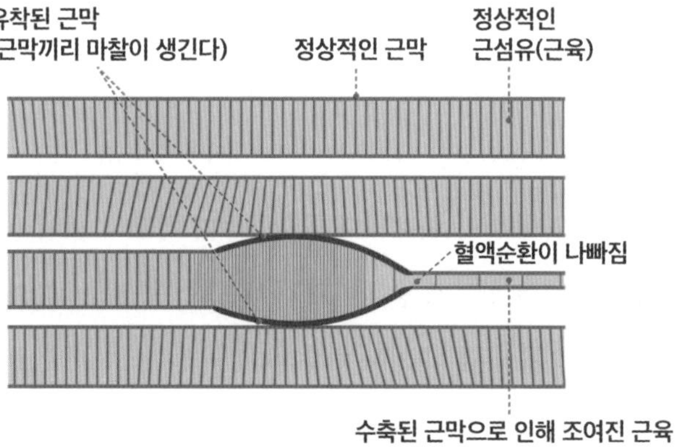

으키게 된다. 이것이 바로 근막통증증후군이다. 우리가 느끼는 목, 어깨, 등의 근육통은 대부분 근막통증증후군이다.

근막통이 정말 위험한 이유

한 부위의 근막이 경직되면서 통증이 생기면 경직된 근막과 인접한 관절이나 근육이 대신 움직인다. 그러면 이웃 잘못 만나 고생하게 된 부위의 근막에 문제가 생기기 쉽다. 통증뿐 아니라 신체의 변형, 운동 기능 저하, 변비 및 소화불량 같은 내장 기능의 저하가 발생한다. 마치 도미노처럼 인접한 근육의 근막이 연쇄적으로 쓰러지는 것이다.

근막의 경직으로 인해 생기는 결림이나 통증은 반드시 초기에 풀어주어야 한다. 늘리고 당기는 강한 스트레칭은 필요 없다. 가볍게 발차기를 하거나 팔을 위아래, 좌우로 움직이는 것만으로도 충분하다. 일상의 움직임을 회복하는 작은 동작만 반복해도 근막의 경직이 해소되고 유연성을 회복할 수 있다.

잘못된 움직임과 자세가 통증을 부른다

규칙적인 운동은 고혈압, 당뇨병 등의 성인병을 예방하고 뇌졸중 등 심각한 질환의 발생 위험을 낮춘다. 스트레스를 해소해 우울증과 불안 증상을 조절하며 치매도 예방할 수 있다. 하지만 잘못된 운동습관은 통증을 부른다. 직접적인 부상이 아니더라도 잘못된 각도나 강도로 운동하면 기대했던 효과를 얻기 전에 관절이나 근육이 먼저 손상을 입을 수 있다.

운동뿐만이 아니다. 생활습관이나 업무 환경도 통증의 원인으로 작용한다. 한쪽 어깨나 팔을 반복적으로 사용하는 일, 무거운 물건을 들어 올리는 일, 하루 종일 서 있는 일을 하는 사람은 근육의 경직과 함께 통증이 나타날 가능성이 크다. 특히 반복 작업을 하거나 장시간 같은 자세를 유지해야 하는 업무 환경이라면 반드시 중간중간 휴식을 취하고 스트레칭으로 몸을 풀어주어야 한다. 그래야 근육이 경직되는 것을 막을 수 있다. 잘못된 움직임을 반복하는 동안 근육이 압박을 받아 경직되면 통증은 생길 수밖에 없다.

동일한 움직임이 몸을 망가뜨린다

우리나라는 OECD 37개국 중 근로시간이 두 번째로 긴 나라다. KDI 경제정보센터가 OECD 통계를 바탕으로 분석한 결과, 2019년 기준 우리나라의 연간 근로시간은 1,967시간으로, OECD 회원국 중 멕시코(2,137시간) 다음으로 가장 길다. 우리나라 근로자들은 OECD 평균 근로시간(1,726시간)보다 연간 241시간을 더 일한 셈이다.

근로시간이 길다는 건 동일한 패턴으로 움직이는 시간이 길다는 것을 의미한다. 대부분의 직장인이 근무시간 내내 앉거나 선 자세로 동일 업무를 반복하기 때문이다. 바로 여기서 통증이 발생한다. 몸을 적당히 움직이면 근육이 이완과 수축을 반복하므로 문제가 없다. 그러나 관절과 근육을 한 방향으로만 지속해서 사용하면 한쪽 근육은 늘어나고 반대쪽 근육은 줄어들어 통증을 초래한다.

장시간 앉아서 시험공부를 하는 수험생이나 학생들도 상황은 비슷하다. 걷거나 움직이는 시간이 절대적으로 부족한 상태에서 책상에 앉은 자세로 하루를 보낸다. 목과 어깨, 등이 전반적으로 앞으로 말리면서 고관절, 무릎, 발목 등이 연쇄적으로 무너진다. 특히 발목 앞쪽 근육이 짧아져 보행 문제를 초래하기도 한다.

거북목증후군은 잘못된 자세의 결과다

오랫동안 고개를 숙인 채 컴퓨터 모니터나 스마트폰을 보는 사람에게 나타나는 대표적인 증상이 거북목증후군이다. 우리 목은 7개의 뼈로 구성되어 있으며 앞쪽으로 볼록하게 휜 알파벳 C자 모양을 하고 있다. 그런데 목을 숙이거나 앞으로 길게 빼는 자세를 오래 유지하면 목뼈의 모양이 C자형에서 일자로 펴지면서 거북목이 된다.

| 근육의 변형 |

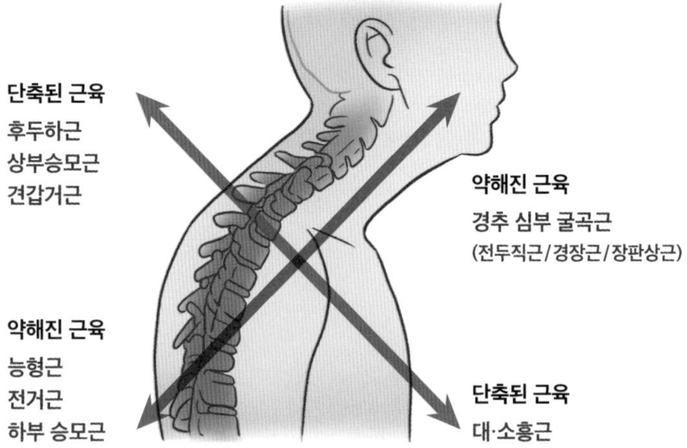

거북목증후군이 생기면 뒷목이 뻣뻣해지고 어깨와 등에 통증이 나타난다. 목을 앞으로 쭉 내밀면 어깨가 둥글게 말리면서 등 근육이 늘어나 경직되기 때문이다. 고관절(엉덩관절)도 경직되며 허리와 무릎도 영향을 받는다. 증상이 심해지면 머리와 목뼈 사이의 신경이 눌려 두통과 수면 장애가 발생하며 목 디스크 등으로 발전할 수 있다.

맞춤형 운동으로 바른 움직임을 회복해야

운동을 하지 않는 상태에서 일정한 패턴의 움직임을 반복하면 문제가 생길 수밖에 없다. 따라서 시간을 내어 조금이라도 몸을 움직이는 것이 무엇보다 중요하다. 긴 시간도, 강한 운동도 필요 없다. 관절이 본래 갖고 태어난 움직임을 회복하는 것이 관건이다.

중장년층이 몸을 제대로 움직이지 못하는 건 스스로 해결할 수 있는 문제가 아니다. 전문가에게 움직임을 평가받은 후 맞춤형 운동을 해야 움직임을 회복할 수 있다. 몸은 이미 예전 같지 않은데 '내가 왕년에는 이 정도쯤은 문제없었어'라는 생각으로 힘을 쓰거나 가동 범위를 넘어서 움직이면 부상을 당할 수 있다. 어떤 운동을 하든 바른 움직임을 회복한 뒤에 시도하는 것이 바람직하다.

부상보다 위험한 것이 일상생활이다

인간의 감각계는 1초에 1,100만 비트bit의 정보를 뇌로 보낸다. 그중 의식은 1초에 16~50비트의 정보량을 처리하고 나머지는 무의식이 맡는다. 무의식의 역할은 상상 이상으로 크다. 습관은 일상 속에서 무의식적으로 이루어지는 활동이다. 잘못된 습관을 인지하고 고치기 위해 의식적으로 반복하고 노력하지 않으면 습관을 고치는 것은 불가능하다.

통증을 만드는 생활습관

나쁜 습관이 쌓여 통증을 야기하는 경우는 흔하다. 작은 자극이 수없이 반복되면 인대 손상이나 근육 파열 같은 치명적인 상흔을 남길 수 있다. 칼질할 때 손목을 필요 이상으로 움직이거나, 습관적으로 바닥에 무릎을 대고 앉거나, 빗자루로 마당을 쓰는 일처럼 사소해 보이는 움직임도 오랫동안 쌓이면 관절과 근육에 부담으로 작용한다. 아무리 작은 자극이라도 관절이 감당할 수 있는 임계점을 넘어서면 통증으로 이어진다.

평소 집안일을 할 때 관절에 부담을 주는 자세를 하고 있지는 않은지 수시로 점검해봐야 한다. 쪼그려 앉아서 걸레질을 하거나 손빨래를 하는 것은 관절에 좋지 않다. 무릎을 꿇고 걸레질을 하면 무릎에 닿는 하중은 체중의 9배 이상이다. 손빨래의 노동 강도는 더 높다. 집안일을 할 때 무릎이나 손목을 아끼지 않으면 40~50대에도 퇴행성 관절염이 올 수 있다는 사실을 간과해선 안 된다.

평범한 일상이 부상으로 이어진다

사소한 움직임에서 부상을 당하기도 한다. 큼지막한 수박이나 장바구니를 들 때, 택배 상자를 들어 옮길 때, 주차카드를 뽑을 때 다치는 사람들이 많다. 팔이나 무릎 등의 움직임을 원활하게 하려면 큰 관절을 먼저 움직인 후 무릎이나 팔과 같이 작은 관절을 움직여야 한다. 무리해서 팔로만 들어 올리면 부상을 당할 가능성이 높다.

팔을 머리 위로 올리는 오버헤드 동작은 더욱더 주의해야 한다.

가방을 한쪽 어깨에 메고 그 팔로 버스 손잡이를 잡는 동작은 매우 위험하다. 그 자세를 조금만 유지해도 불편한 느낌이 드는데, '불편하다'는 것은 뇌가 보내는 신호다. '다칠 수 있으니 빨리 자세를 바꿔!' 이런 뜻이다.

계단을 오를 때 발을 잘못 디뎌 부상을 당하는 일도 흔하다. 발의 3분의 1만 계단에 걸쳤다가 미끄러지거나 발목이 꺾이는 사람들이 많다. 발바닥 전체를 딛고 터벅터벅 올라가다 무릎관절에 손상을 입기도 한다. 계단을 오르내릴 때는 반드시 무릎과 고관절을 느끼면서 발가락으로 올라가야 한다.

발 안마기를 사용할 때도 주의가 필요하다. 강한 힘으로 발 마사지를 받다가 발가락 사이의 신경이 압박을 받아 신경종이 생기는 경우가 종종 있다. 과도한 물리적인 힘은 언제나 부상 가능성이 있다.

부상을 막는 신발 선택법

신발 밑창의 발가락 부분이 쉽게 구부러지지 않으면 안전한 보행을 약속할 수 없다. 구두는 물론 디자인 중심의 운동화는 부상의 위험이 높다. 신발은 걷거나 서 있을 때 발가락의 느낌이 살아 있어야 한다. 발은 눈으로 직접 보지 않고 지면을 느낄 수 있는 센서다. 쿠션이 너무 두꺼우면 발이 둔해진다. 따라서 신발을 고를 때는 밑창이 얇고 유연하며 발볼이 넓은 것을 선택한다.

근육통으로 착각하기 쉬운 스트레스 골절

부상은 직접 몸으로 느끼고 눈에도 보이기 때문에 집중적인 치료와 재활을 하기 쉽다. 하지만 일상의 나쁜 습관들은 나도 모르는 사이에 과부하를 축적한다. 운동할 때 느끼는 피로감도 문제가 될 수 있다. 격렬한 운동을 하면 근육 사이에 젖산이 축적되고, 아미노산을 에너지원으로 쓰면서 피로의 원인 물질인 암모니아가 생성된다.

피로가 쌓이면 부상이 없어도 뼈에 문제가 생길 수 있다. '스트레스 골절Stress Fracture'이라고도 부르는 피로골절이 무릎 아래쪽, 발가락과 발목 사이, 발뒤꿈치, 정강이뼈에 주로 발생한다. 근육은 뼈에 직접적인 자극이 가지 않도록 충격을 흡수하는 역할을 한다. 그런데 근육을 무리하게 사용하면 근육이 피로해지면서 충격이 고스란히 뼈로 전해지고, 이로 인해 피로해진 뼈에 실금이 간다. 이런 경우 특별히 다친 적이 없기 때문에 근육통인 줄 알고 무리한 스트레칭으로 병을 키우는 사람들이 많다. 치료받을 기회조차 없이 계속 뼈를 혹사하는 결과를 초래하는 것이다.

통증을 줄여주는 움직임 회복 전략

흔히 운동을 할 때 몸이 뻣뻣하면 부상당할 가능성이 높다고 생각한다. 하지만 유연해도 다칠 수 있다. 결국 정답은 자연스럽고 자신감 있게 움직이는 데 있다. 움직일 때 에너지를 과도하게 쓰지 말고, 내 움직임을 인지하면서 효율적으로 움직여야 한다. 그게 바로 올바른 움직임이다.

관절이 뻣뻣하다는 건 산을 타거나 배드민턴 같은 운동을 하다 불편함을 경험했을 때 느끼는 반응 중 하나다. 통증으로부터 몸을 보호하기 위한 관절의 방어작용으로, 관절이 움직임을 억제하는 것이다. 이를 '관절성 억제'라고 한다.

중량 운동을 하는 경우 자신이 감당할 수 있는 무게의 범위를 넘어서면 근육이 과도하게 늘어나는데, 이를 신경이 감지해 문제로 인식한다. 그러면 뇌가 그 부위의 근육과 관절을 제대로 쓰지 못하게 브레이크를 건다. 불안이 경직으로 이어지는 것이다.

이런 상황이 되면 근육이 쇠퇴한다. 근육이 불균형해지고 힘이 들어가지 않는다. 하지만 어쩔 수 없이 사용해야 한다면 어떻게 될까? 주변 근육이 그 역할을 대신한다. 결국 근육이 도미노처럼 연달아 쓰러지면서 움직임과 자세가 나빠진다.

움직임을 회복하고 통증을 낮추는 4가지 원칙

허리가 아픈 사람도 움직이다 보면 안 아픈 지점이나 자세가 있다. 신경계가 나름의 쉼터를 찾는 것이다. 다양한 동작으로 근육을 이완시키면 그 쉼터가 점점 넓어진다. 허리가 아픈 사람은 움직임을 회복해야 통증을 낮출 수 있다.

원칙 1 힘을 빼라

경직은 부상으로 이어지기 쉽다. 특히 허리가 아픈 사람은 자기도 모르게 허리에 힘을 주게 된다. 되도록 움직이지 않는 것이 허리를 보호하는 방법이라고 생각해 어떻게든 허리를 안 쓰려 애쓴다. 하지만 단단하게 굳어 있는 근육은 통증을 부른다. 허리의 힘을 빼라. 그것이 통증을 줄이고 본연의 움직임을 회복하는 첫 단계다.

원칙 2 허리를 구부려라

허리가 아파서 구부릴 수 없는 게 아니라 구부림 동작을 안 하려 하기 때문에 허리가 아픈 것이다. 일상에서 허리를 구부리는 동작은 피할 수 없다. 아침에 잠자리에서 일어날 때도 자연스럽게 상체를 숙이면서 일어나야 한다. 허리를 구부려라. 정상적인 움직임을 회복하는 가장 중요한 포인트다.

원칙 3 다양한 동작으로 자극하라

허리를 다양한 방법으로 움직이면 통증을 완화하는 데 도움이 된다. 상체를 좌우로 돌리거나 다리와 발의 방향을 바꿔주는 것만으로도 허리는 새로운 자극에 즉각 반응한다. 움직임에 변화가 생기면 우리 몸의 신경통로는 통증보다 움직임을 먼저 뇌에 전달하려고 분주하게 움직인다. 그로 인해 통증이 감소하는 효과를 볼 수 있다.

원칙 4 운동 편식에서 벗어나라

질병이나 사고 또는 신체활동이 너무 없어서 근육 손실을 겪고 있다면 근육을 기계적으로 이완하거나 수축하는 저항성 운동으로는 재활 효과를 거두기 어렵다. 오히려 통증만 유발한다. 물병에 물을 채우듯 운동해서는 안 된다.

한 부위에 문제가 생겼다고 그 부위만 집중적으로 운동하는 것도 금물이다. 되도록 전신 운동을 해야 한다. 좌우, 전후, 상하 모든 방향으로 움직여야 근육을 회복하고 손실을 예방할 수 있다. 근육이 얼마나 전신적인 움직임에 노출되었느냐가 관건이다. 안 아픈 부위를 움직이는 동안 아픈 부위가 자연스럽게 운동이 되도록 유도하는 것이 가장 좋다. 허리를 구부리고 돌리고 앉고 일어나는 360도, 즉 다방면으로 운동하는 것이 통증을 해소하는 가장 빠른 길이다.

일상적인 움직임이 최고의 재활 운동이다

자극은 근육을 강화한다. 자극이 없는 근육은 결국 빠지고 만다. 우주정거장에서 생활하는 우주인들은 중력의 영향을 받지 않아 쉽게 움직일 수 있는 반면 자극이 없어 근육량이 줄어들고 골밀도도 낮아진다. 운동을 전혀 못 하는 노인들에게 일어나는 변화가 우주인들에게도 똑같이 일어나는 것이다. 이런 문제를 극복하기 위해 우주인을 위한 운동 프로그램이 다양하게 구성되어 있지만, 중력이 없는 상태에서는 한계가 있을 수밖에 없다.

일상적인 움직임을 통한 자극은 근육 손실을 방지한다. 타고난 움직임이 운동이고 재활이라고 말하는 이유다. 운동장에서 뛰어노는 어린아이처럼 자유롭게 움직이는 것이야말로 근육 백신이다. 아무것도 의식하지 않고 즐겁게 뛰어놀 수 있다면 근육 감퇴를 지연시키고 부상을 예방할 수 있다. 안타깝게도 요즘 아이들은 뛰어노는 대신 하루 종일 책상 앞에 앉아 있다. 그러다 보니 일자목, 평발 등의 근골격계 문제를 일찍부터 겪게 된다.

평일에 운동을 하지 못하는 학생이나 직장인들은 주말에라도 시간을 내서 꼭 운동을 해야 한다. 운동은 날마다 규칙적으로 하는 것이 가장 좋지만, 상황이 여의치 않다면 몰아서 해도 좋다. 분명 효과가 있다. 운동을 안 하는 시간이 길어지면 회복이 어렵다. 일주일에 하루 이틀이라도 규칙적으로 운동을 하면 건강을 지키는 데 큰 도움이 된다.

당신의 몸은 안녕하신가요?

사람의 몸은 좌우 균형이 맞춰진 상태로 태어난다. 그런데 지금 내 몸은 왜 삐뚤어지고 불균형해져 있는 걸까? 잘못된 움직임과 자세, 생활습관이 차곡차곡 쌓인 결과다. 점점 근육이 약화되고 좌우 균형이 깨지면 통증이 나타난다. 아직 아프진 않더라도 어딘가 불편함이 느껴진다면 몸의 정렬이 틀어지고 있다는 얘기다. 통증이 들이닥치기 전에 내 몸의 상태를 꼼꼼히 살펴보자. 자신의 체형이나 자세, 움직임, 생활습관 등을 점검해 보면 근골격계 건강 상태를 가늠할 수 있다. 부위별 증상을 하나하나 짚어가며 해당되는 문항에 모두 체크해보자. 모든 문항은 1점이다.

나의 근골격계는 건강할까?

목	□ 목을 돌리면 뒷목에서 우두둑 소리가 난다. □ 목이 뻣뻣해서 사방으로 움직이는 데 어려움이 있다. □ 일하다 보면 나도 모르게 고개를 앞으로 쭉 빼고 있다. □ 목의 통증과 함께 어깨, 팔, 손이 저리거나 찌릿찌릿한 느낌이 있다. □ 목의 통증과 함께 두통이 있고 가끔 속이 메슥거린다.
어깨	□ 어깨가 뻣뻣하고 결려서 360도 회전이 되지 않는다. □ 팔을 위로 들어 올릴 때 수직으로 올라가지 않는다. □ 한쪽 어깨에서 가방이나 브래지어 끈이 잘 흘러내린다. □ 뒷목과 승모근 부위가 단단하게 굳어 있다.
등	□ 한쪽 어깨의 높이가 더 높다. □ 등의 한쪽이 다른 한쪽보다 더 튀어나와 있다. □ 등이 항상 구부정하고 바르게 펴고 있으면 힘들다. □ 날개뼈 안쪽에 저린 느낌이 있다. □ 숨이 막힌 것처럼 가슴이 답답할 때가 있다. □ 집중해서 일하다 등 통증 때문에 중단할 때가 있다.

허리	□ 허리가 아파 오래 서 있기 힘들다. □ 허리가 아파 오래 앉아 있기 힘들다. □ 허리를 앞으로 숙이거나 뒤로 젖힐 때 불편하다. □ 허리 통증과 함께 다리 저림이 있다. □ 허리가 아파서 쉬면 좀 나아지고 움직이면 금세 다시 아프다.
골반	□ 다리를 꼬고 앉을 때 주로 한쪽으로만 꼰다. □ 평소 골반이 뻐근하거나 뻣뻣한 느낌이 든다. □ 앉으면 몸이 한쪽으로 기우는 경향이 있다. □ 앉았다 일어설 때 골반에 찝히는 듯한 통증이 있다. □ 골반의 통증과 함께 다리에 저린 느낌이 있다. □ 꼬리뼈 쪽이 뻐근하고 빠질 듯 아플 때가 있다.
다리	□ 걸을 때 허벅지와 발이 저리거나 당긴다. □ 다리가 전체적으로 시리거나 쓰린 느낌이 있다. □ 낮은 턱에도 잘 걸려 넘어진다. □ 걷다 보면 나도 모르게 안짱걸음이나 팔자걸음이 된다. □ 걷다 보면 무릎이 마비되는 듯한 느낌이 들 때가 있다.

좌우 균형	
	□ 똑바로 서거나 앉아 있을 때 머리가 한쪽으로 기운다.
	□ 똑바로 선 자세에서 양쪽 어깨의 높이가 다르다.
	□ 골반이 상하 또는 앞뒤로 틀어져 있다.
	□ 걷다 보면 벨트나 치마가 한쪽으로 돌아간다.
	□ 신발이 한쪽으로 틀어지거나 한쪽 굽이 더 빨리 닳는다.

평가

0점 **매우 훌륭해요!**

평소 아주 잘 관리하고 있군요. 지금처럼 생활하면 척추와 근골격계 건강을 유지할 수 있을 거예요.

1~5점 **비교적 근골격계가 건강해요**

전반적으로 건강합니다. 척추와 근골격계 건강에 조금 더 관심을 기울이면서 지금처럼 관리해야 합니다.

6~14점 **스트레칭을 생활화하세요**

운동량을 조금 더 늘려보면 어떨까요? 가벼운 스트레칭을 습관화하면 지금보다 더 활력 넘치는 생활이 가능할 거예요.

15~20점 **체형 점검이 필요합니다**

근골격계 건강에 문제가 생긴 것 같군요. 전문적인 검사나 트레이닝이 필요한 단계입니다.

21점 이상 **지금 바로 전문의를 만나보세요!**

전체적으로 움직임에 어려움이 있는 상태입니다. 전문의를 찾아가 정밀검사를 받고 적절한 치료를 받을 필요가 있습니다.

PART 2

움직임을 회복하라! 바르게 움직이는 게 먼저다

움직임을 회복하는 7가지 법칙

법칙 1

바른 움직임은 동적 스트레칭으로

본격적인 운동을 시작하기 전에 준비운동으로 스트레칭을 하는 것은 이미 상식이 된 지 오래다. 지금은 생활 속에서 가장 쉽게 할 수 있는 운동법으로 많은 이들이 스트레칭을 꼽는다. 특히 몸이 뻣뻣한 사람에게 스트레칭은 최고의 운동법으로 받아들여지고 있다. 그러나 스트레칭에도 여러 방법이 있고, 잘못된 방법으로 하면 오히려 몸에 해롭다는 사실을 아는 사람은 많지 않다.

스트레칭을 하면 정말 근육이 늘어날까?

그동안 우리가 가장 많이 한 스트레칭은 근육을 늘이는 자세다. 근육을 천천히, 최대한 길게 늘인 채 20~30초간 자세를 유지한다.

요가에서 주로 하는 동작이다. 이런 스트레칭을 '정적 스트레칭Static Stretching', 즉 움직이지 않고 하는 스트레칭이라고 한다.

정적 스트레칭의 목적은 근육을 이완하는 것이다. 그렇다면 정말 한 자세를 20~30초 정도 유지하면 근육이 늘어날까? 기능해부학적 측면에서도 맞는 이야기일까? 결론부터 말하면, 일회성으로 잠시 시행하는 정적인 스트레칭은 근육을 늘일 수 없다. 이는 아주 간단한 물리학적 원리다. 고무줄을 양쪽 끝에서 잡아당기면 쭉 늘어났다가 힘을 빼면 원래의 상태로 돌아간다. 근육도 마찬가지다. 근육에는 신장성(늘어나는 특성)도 있지만 원래의 길이로 돌아오는 탄성도 있다. 따라서 스트레칭 자세를 중단하면 20~30초간 잠시 늘어났던 근육이 원래의 길이로 돌아온다.

무리한 스트레칭은 오히려 관절을 약화시킨다

공원에 가면 사람들이 뻣뻣한 관절과 경직된 근육을 풀기 위해 과도하게 스트레칭하는 장면을 목격할 때가 있다. 허리 돌리기 동작은 좌우로 30도 정도 돌리는 것이 적당한데 있는 대로 끝까지 휙휙 돌리며 유연성을 자랑한다. 하지만 이런 식의 무리한 스트레칭은 척추관절에 무리를 줄 뿐 아니라 미세 근육의 파열을 야기할 수 있다.

동네 공원의 대표 운동기구인 팔다리를 함께 움직이는 스텝사이

클을 타면서 나 보란 듯 너무 빨리 움직이는 사람들이 많다. 스카이 워킹 운동기구를 이용할 때도 다리를 무작정 앞뒤로 길게 뻗는 데만 집중하는 사람들이 자주 눈에 띈다. 이들처럼 각각의 기구가 지닌 본래의 사용법을 무시하고 무리하게 사용하면 운동 효과를 거두기 어렵다. 운동했다는 뿌듯함만 얻을 뿐 관절 건강을 해치는 결과를 초래한다.

많은 사람이 스트레칭 강도를 자신의 통증 역치에 근거해서 정한다. 그렇기 때문에 아플 때까지 늘이지 않으면 제대로 스트레칭을 하지 않았다고 생각한다. 강한 지압을 받으면 아픈 동시에 시원하다고 느끼는 것처럼 말이다. 그러나 과도하게 관절을 늘여서 스트레칭하는 것은 근육을 늘이는 효과보다 관절을 둘러싸고 있는 얇은 피막인 관절낭에 손상을 준다. 무리한 스트레칭을 반복해 관절낭이 퇴행성 변화를 일으켜 염증이 생기면 관절의 가동 범위가 줄어들면서 통증이 생긴다.

동적 스트레칭이 관절의 가동성을 높인다

그렇다면 스트레칭은 나쁜 운동인가? 아니다. 다만 운동 전이나 통증을 낮추고 싶을 때는 정적 스트레칭보다 동적 스트레칭Dynamic Stretching을 하는 게 더 효과적이다. 정적 스트레칭과 달리 동적 스트레칭은 자연스러운 움직임을 활용해 근육의 경직을 풀어준다. 목, 어깨, 고관절과 같은 부위를 올리고 내리고, 회전시키고 늘여주는 동작을 통해 가동 범위를 높이는 게 포인트다. 정적으로 자세를 유지하는 것보다 관절을 움직이는 동작이 근육의 길이를 늘이고 관절을 유연하게 만드는 데 도움이 된다.

동적 스트레칭을 할 때는 자연스러운 호흡과 함께 팔꿈치와 손목의 관절을 사방으로 꺾고 돌릴 수 있는지 확인한 후 조금씩 가동 범위를 늘린다. 관절에 걸리는 부하를 점진적으로 늘려가는 것이야말로 근력을 강화하는 데 가장 큰 효과를 발휘한다. 오래 앉아 있었다면 정적인 스트레칭을 하는 것보다 잠깐씩 어깨를 위아래 혹은 옆으로 돌리거나 다리를 구부렸다 폈다 하는 동작이 혈액순환과 근육의 긴장을 푸는 데 더 효과적이다.

집이나 직장에서 시간이 날 때마다 동적 스트레칭을 해보자. 근육의 피로가 풀리고 관절의 가동성이 높아진다. '하던 일부터 얼른 끝내고 나중에 스트레칭해야지' 하며 미루지 말자. 피로가 쌓이기 전에 바로바로 근육을 풀어야 한다. 특별한 운동법을 익히지 않아도 괜찮다. 장시간 앉아 있었다면 일어나서 걷거나 가볍게 발차기를 해보고, 발목을 푸는 식이다. 두 팔을 앞으로 모으고 일했다면 가슴을 활짝 열면서 두 팔을 뒤로 벌려본다. 길게 길게, 아플 때까지 늘이는 것이 스트레칭이라는 고정관념에서 벗어나 가볍게 움직여보자.

동적 스트레칭의 4가지 포인트

1 편안한 범위를 정해라

너무 잘하려고 하지 마라. 다른 사람에게 멋있어 보이기 위해 운동하는 게 아니라 내 몸을 살리기 위해 운동하는 것이다. 에너지를 많이 쓰지 않고 뇌가 편안하게 느끼는 범위 안에서 운동하는 것이 좋다.

2 양방향으로 움직여라

운동에서 균형은 매우 중요하다. 한쪽 어깨가 아프다고 해서 아픈 쪽만 운동해선 안 된다. 안 아픈 어깨와 아픈 어깨를 교대로 움직여야 한다. 좌우, 앞뒤, 상하 모든 방향(360도)으로 움직이며 균형감 있게 운동해야 효과를 얻을 수 있다.

3 리듬감을 유지하라

운동할 때 리듬을 찾는 것 역시 중요하다. 예를 들어 어깨를 돌릴 때 리듬감 있게 춤추듯이 부드럽게 움직여야 한다. 음악이 처음엔 천천히 시작해서 점점 빨라지듯이 스트레칭도 속도를 조금씩 높이는 것이 좋다.

4 '10개 3세트' 이론에서 벗어나라

많은 헬스 트레이너와 요가 강사들은 운동할 때 '10개 3세트' 프로그램을 제시한다. 수많은 운동 책에서도 한 동작에 '10개 3세트'를 제시한다. 하지만 횟수에 집중하다 보면 움직임의 질이 낮아질 수 있다. 횟수보다 모든 동작을 하나하나 정확하게 하는 것이 중요하다. 차라리 '30초', '1분' 등 시간을 정해 놓고 하는 편이 낫다.

* 뒤에 소개하는 운동법을 보면 5~7회 횟수를 제시했다. 이건 해야 할 기준점을 제공한 것뿐이다. 모든 동작에 집중할 수 있다면 15~20초 기준으로 운동해도 좋다.

법칙 2

점진적으로 운동 강도를 높여라

운동을 처음 시작하거나 통증으로 아픈 사람에게는 저강도 운동을 권한다. 처음부터 고강도 운동을 하면 아예 운동을 포기해버릴 수 있기 때문이다. 하지만 저강도 운동만 계속하면 우리 몸은 그 강도에 익숙해진다. 근신경계나 심폐계 기관도 저강도 운동을 처음 시작했을 때처럼 반응하지 않는다. 계속 운동해봤자 효과를 거두기 어려운 상태가 된다.

운동 효과를 꾸준히 얻기 위해서는 조금씩 부하(강도)를 높여야 한다. '점진적 과부하'란 말을 들어본 적이 있는가? 말 그대로 점진적으로 부하를 늘리는 것을 의미한다. 근육과 인대, 신경 등 인체에 가해지는 부하를 천천히 늘려야 운동 효과를 볼 수 있다. 급작스럽고 과도한 부하는 오히려 운동의 효율을 낮추고 부상을 초래할 수 있기 때문이다.

어린아이에게 작은 묘목을 뛰어넘는 훈련을 계속 시키면 그 나무가 자라면서 아이의 높이뛰기 실력도 함께 향상되어 나중에는 큰 나무도 가볍게 뛰어넘게 된다는 우화가 있다. 점진적 부하의 원리를 통해 운동 능력을 신장시키는 것도 이 이야기와 같은 원리다.

피트니스센터에서 사용하는 점진적 과부하

피트니스센터에서는 근육의 크기와 힘을 키우기 위해 점진적 부하의 원리를 활용한다. 운동의 강도와 양을 서서히 높여 근육이 감당해야 할 부담의 크기를 점진적으로 늘려가는 것이다. 점점 길게, 강하게, 무겁게, 반복 횟수를 늘려가며 운동을 진행한다. 개인의 특성과 운동의 목표에 따라 프로그램과 변수는 달라지지만, 모두 점진적 부하의 원리를 바탕으로 한다.

이런 과정을 통해 근육은 점점 커지고 단단해지며 힘이 세진다. 하지만 여기에는 반대급부가 있다. 자기 역량 이상으로 근육을 단련하다 보면 반드시 통증과 부상이 따른다.

스포츠 재활에서 사용하는 점진적 과부하

이미 통증 때문에 고통받고 있다면 운동을 재활 개념에서 접근해야 한다. 재활은 기본적으로 관절에 필요한 가동성과 안정성을 회복하는 데 목표를 둔다. 따라서 피트니스적인 운동 개념과는 차이가 있다. 재활에선 운동을 '조절된 움직임Controlled Mobility', '동적인 안정화Dynamic Stability'라는 표현으로 사용한다.

재활 운동을 할 때도 점진적 과부하의 원리를 따른다. 부위별 운동을 하는 동안 가동 범위를 회복할 때까지 조금씩 부하를 늘려간다. 횟수를 늘리고, 속도를 빨리하고, 움직이는 각도를 키운다. 경직된 근육을 이완시켜 유연성을 회복하고 불안정한 관절에 힘을 부여해 안정성을 높이는 식이다.

점진적 과부하의 원리를 운동에 적용하는 법

집에서 혼자 운동할 때도 점진적 과부하의 원리를 적용하면 운동 효과를 높일 수 있다. 시간이나 횟수를 정해놓고 꾸준히 운동하다 보면 기존의 운동 횟수나 시간이 수월하게 느껴질 때가 있다. '처음엔 10개 하기도 힘들었는데 지금은 별로 힘들지 않네!' 이런 느낌이 들면 횟수를 2개씩(중량의 경우 20%) 늘린다.

예를 들어 덤벨 들어 올리기를 한다고 치자. 10개를 하다가 수월하게 느껴지면 2개를 더 해본다. 12개가 가능하다면 12개를 한 번 더 해본다. 이렇게 12개가 연속 2회 가능하다면 운동 능력이 12개가 가능한 수준으로 올라온 것이다. '10개→12개→12개→14개→14개…' 단위로 횟수를 늘려보자. 이게 바로 점진적 과부하의 원리다.

중량 늘리기도 마찬가지다. '10kg→12kg→12kg→14kg→14kg…' 하는 식으로 늘려간다. 이렇게 체력이 향상되는 것을 확인하면서 강도를 높여 새로운 루틴을 만든다. 새 루틴이 편해지면 다시 부하를 늘리면 된다.

법칙 3

내 몸의 가동 범위를 파악하라

개인의 신체 조건이 모두 다른 만큼 개인에게 맞는 운동도 다 다르다. 자신의 현재 몸 상태와 운동을 하는 물리적인 조건 등을 고려해 꼭 맞는 운동을 선정하고 계획해야 꾸준히 해나갈 수 있다.

나이에 적합한 운동이 있다

아무리 건강 상태가 좋다 하더라도 60대가 20대처럼 움직일 순 없다. 자신의 운동 능력을 과신해 무리하게 움직이다가는 부상을 부르기 십상이다. 나이에 따라 권장 운동이 달라지는 이유다.

20대는 평생 체력을 길러야 하는 나이이다. 그런데 수능이라는 길고 어두운 터널을 지나온 사람들은 대부분 근골격계 불균형을 겪는다. 리셋이 필요한 시점이다. 20대와 30대 초반을 슬쩍 넘은 사람들은 관절 리프트와 컨디셔닝에 비중을 두고 운동하는 것이 좋다. 정적으로 근육을 늘이는 유연성 운동(필라테스, 스트레칭, 맨몸 운동, 러닝, 철봉)보다 관절의 가동성을 높이는 데 집중해야 한다. 움직임을 잘 제어하며 힘을 발휘하는 운동이 필요하다. 일주일에 3~5회 유산소 운동으로 심박수를 올려주는 것도 좋다. 달리기, 수영, 사이클 등의 근력 운동도 추천한다.

한창 사회활동을 하는 30대는 운동 시간을 확보하는 일조차 어렵다. 엘리베이터 대신 계단 오르기, 자가용 대신 대중교통 이용하기, 한 정거장 먼저 내려서 걷기 등으로 틈틈이 운동해야 한다. 이 시기의 근력 운동은 노년기 골다공증과 관절염을 예방하는 데 도움이 된다. 일주일에 3~4회 유산소 운동을 하면 더욱 좋다.

40대는 신진대사가 느려지고 근육 상실이 시작되는 시기다. 근육의 손실을 막고 관절의 가동 범위를 유지하는 데 집중해야 한다. 중강도의 유산소 운동을 꾸준히 하면서 일주일에 3회 정도 근력 운동을 하는 것이 좋다. 운동도 재미가 있어야 꾸준히 할 수 있다. 자신이 좋아하는 스포츠를 하나 선택해 운동에 머무는 시간을 늘려야 한다.

50대 이후 노년기에는 몸이 보내는 신호에 세심하게 주의를 기울여야 한다. 유산소 운동보다 근신경계 운동이 중요하다. 균형감각을 키우고 인지능력을 향상시키는 밸런스 운동을 하는 것이 좋다. 60대 이후에는 지금까지 하던 운동을 유지하되 가동 범위와 시간을 조절해야 한다. 근육과 뼈의 밀도가 떨어지는 시기이므로 무리한 운동은 금물이다. 균형감각과 유연성도 현저히 떨어지기 때문에 안전 관리에 더욱 주의를 기울여야 한다.

체력과 질병, 건강 상태에 따라 운동이 달라진다

자신의 체격이나 체력, 근육 능력, 운동 후 회복력 그리고 통증 민감성에 따라 선택해야 하는 운동도 달라진다. 트렌드 따라, 다른 사람들 따라 몸에 맞지 않는 운동을 억지로 하면 흥미를 느끼기 어렵고 운동 효과를 거두기도 쉽지 않다.

질병이나 건강 상태에 따라 운동하는 시간도 달라진다. 우울증이나 불면증이 있는 사람은 새벽이나 이른 아침에 운동하는 것이 좋다. 아침에 운동하면 뇌가 깨끗하고 시원한 산소에 반응해 아드레날린 분비를 촉진하는데, 이는 우울증을 개선하는 데 도움이 된다. 불면증이 있는 사람이 밤에 운동하면 교감신경이 활성화되어 숙면을 취할 수 없게 된다.

천식, 류머티즘 관절염, 허리디스크, 심장질환, 고혈압이 있는 사람은 아침보다 저녁이나 밤에 운동하는 편이 낫다. 관절과 근육은 잠자고 일어난 직후에는 뻣뻣하지만 움직임이 많아지는 오후가 되면 조금씩 유연해진다. 아침부터 무리해서 관절과 근육을 움직이면 오히려 통증을 악화시킬 수 있다.

내 몸을 정확히 아는 게 먼저다

운동은 몸과 마음이 유기적으로 소통해야 효과를 거둘 수 있다. 마음은 가는데 몸이 따라오지 못하면 내가 생각하는 운동과 내 몸이 하고 있는 운동은 전혀 다른 모습일 것이다. 운동을 할 때는 자신의 몸에 집중해 움직임을 관찰하고 변화의 흐름을 느껴야 한다. 내 몸의 가동 범위를 알고 정확한 방법으로 운동하면 일주일만 해도 효과를 얻을 수 있다.

요즘 운동하는 사람들 중에는 보디 프로필 사진 찍는 것을 버킷리스트에 넣어둔 사람이 많다. 멋진 몸을 만들어 근사한 사진으로 남기고 싶다는 과욕이 앞서다 보면 건강에 무리가 올 수 있다. 면역력과 협응력을 키운 뒤에 근육을 키워야 부작용이 없다. 몸이 거부하는 운동은 결국 득이 되지 않는다. 자신의 체력과 근육 상태, 관절의 가동 범위를 확인하고 그에 맞는 운동을 수행해야 진짜 내 몸을 살리는 운동이 된다.

가동 범위 내에서 움직여라

부상 없이 운동을 하려면 자신의 운동 능력과 가동 범위를 정확히 알고 있어야 한다. 가동 범위를 넘어 무리하게 운동하다 손상되는 대표적인 부위가 무릎이다. 계단을 오르내릴 때, 등산할 때, 스쿼트와 같은 운동을 할 때 쉽게 손상을 입는다. 스쿼트가 좋은 운동이라는 데는 모두가 공감하지만 운동 방법에 대해서는 이견이 많다. 과도한 스쿼트가 관절의 연골을 손상시키기 때문이다.

그럼 스쿼트를 안전하게 하려면 어떻게 해야 할까? 우선 자신에게 맞는 발의 너비를 찾아야 한다. 동작을 할 때는 척추의 중립이 흐트러져선 안 되며, 자신의 고관절 가동 범위 내에서 움직여야 한다. 스쿼트를 할 때 무릎 통증이 있다면 자세가 흐트러지면서 균형이 무너졌다고 볼 수 있다. 가벼운 근육통일 경우 스트레칭을 하고 다리를 좀 더 넓게 벌려 시도해본다. 하지만 증상이 사라지지 않는다면 운동을 중단하고 전문의의 진료를 받아야 한다. 바른 자세로, 아프지 않을 정도로만 해야 운동 효과를 거둘 수 있다.

무릎의 연골이나 인대가 약한 사람은 스쿼트를 할 때 움직임의 각도를 줄여야 한다. 무리하게 하면 O자형 다리나 X자형 다리가 될 수 있다. 안쪽 움직임이 어려우면 X자형 다리가 되기 쉽고, 바깥쪽 움직임이 어려우면 O자형 다리로 변형되기 쉽다. 뼈의 정렬이 나쁜 상태에서 운동을 계속하면 나쁜 자세가 고착될 수 있다. 모든 운동이 마찬가지다. 꼭 크고, 강하고, 빠르게 운동해야 효과를 볼 수 있는 것은 아니다. 스쿼트 동작을 하더라도 자신의 몸 상태에 맞춰 무릎을 2분의 1, 또는 4분의 1 정도만 굽히며 자신만의 가동 범위를 찾는 것이 중요하다.

동작을 수행하는 동안 불편함을 느낀다면 이미 과한 운동이다. 내 관절과 근육이 감당할 수 있는 수준을 넘어섰다는 뜻이다. 자신의 움직임을 인지하면서 천천히 정확한 자세로 가동 범위 안에서 움직여야 부작용을 피할 수 있으며, 제대로 된 운동 효과를 얻을 수 있다. 스쿼트를 처음 시작하는 사람은 어린아이가 음악에 맞춰 율동하는 것처럼 무릎의 힘을 빼고 가볍게 굽혔다 펴는 것만으로도 충분하다.

법칙 4

통증의 공포에서 벗어나라

만성적인 통증에 시달려온 사람은 통증에 대한 두려움이 크다. 통증 부위에 자극이 들어오면 과도하게 긴장하게 되는데, 이로 인해 경직된 근육섬유 안에 자리하고 있는 신경들이 압박을 받게 된다. 그러면 중추신경계로 제대로 된 정보를 전달하지 못해 관절의 가동 범위가 줄고 통증이 유발된다.

이런 경우 마사지나 스트레칭이 경직된 근육을 푸는 데 도움이 될 수 있다. 하지만 무엇보다 관절 부위의 신경세포들, 즉 관절의 위치와 힘의 변화를 감지하고 이에 대한 정보를 제공해주는 기계수용체들이 활성화되어야 한다. 통증이 일어나지 않는 가동 범위를 설정해 천천히 움직임으로써 굳어진 신경세포에 정확한 정보를 제공하고, 이로 인해 관절이 능동적으로 이완되게 하는 것이 더 효과적이다.

움직임 회피 반응이 위험한 이유

부상을 당하거나 통증을 경험한 사람들에겐 움직임 회피 반응이 나타난다. 새로운 부상을 방지하기 위한 방어기전이다. 연구 결과에 따르면 만성 근골격계 질환을 가진 환자들, 예를 들어 석회화건염, 회전근개파열, 퇴행성 관절염, 족저근막염, 테니스엘보를 앓은 사람에게서 높은 수준의 움직임 회피 반응이 나타났다.

또 다칠까 봐, 또 아플까 봐 몸을 움츠리고 주변의 다른 관절을 대신 사용하는 움직임 회피 반응은 결과적으로 통증을 가중시킨다. 통증과 재부상을 막기 위해 관절의 움직임을 제한하고 그 움직임과 유사한 형태의 움직임으로 보상하게 되면 통증 부위의 주변 근육과 근막이 더욱 굳어진다. 결국 탄력을 잃어 통증 부위가 오히려 넓어지는 결과를 초래한다. 굳어진 근육이나 근막에서 수분이 빠져나가면 신경이 압박을 받아 통증이 더 커진다.

움직여도 괜찮다. 큰일이 나거나 엄청난 통증이 몰아치지 않는다. 자신감을 갖고 안전한 범위, 즉 움직여도 아프지 않은 범위 내에서 천천히 움직여 다시 움직임을 회복해야 한다. 내 본래의 기본 자세를 바로잡는다고 생각하자. 수영장 턱에 걸터앉아 물장구를 치는 것처럼 가볍게 움직이며 자연스러운 움직임을 회복해보자.

움직임 공포증에서 벗어나는 법

공포 회피 반응은 인간의 생존 본능이다. 하지만 위험요인이 줄어들거나 완전히 사라진 뒤에도 계속 활성화되어 있으면 체형 변형과 통증을 초래할 수 있다. 통증의 악순환 속에 빠지게 되는 것이다.

통증을 경험한 사람들은 뇌의 장기기억 시스템에 움직임 공포증이 생겨 '움직임은 위험한 것'이라는 생각이 각인된다. 예를 들어 무릎 통증을 경험한 사람은 무릎을 사용하는 데 불안감을 느낀다. 부상이나 질환을 치료한 뒤에도 아팠던 무릎을 사용하려고 하면 불안감이 높아져 반대쪽 다리를 사용하게 된다. 공포 회피 습관이 무릎에도 나타나는 것이다. 근육과 관절의 불균형한 사용 습관은 또 다른 통증을 부른다. 결국 통증이 장기화된다.

무릎관절의 안정성이 떨어지면 주변 근육이 긴장하게 된다. 관절에 대한 불안을 근육 경직으로 보상하려는 것이다. 근육이 경직되면 무릎을 지나가는 신경들이 압박을 받게 되면서 통증이 일어난다.

그렇다면 어떻게 움직임 공포증에서 벗어날 수 있을까? 답은 의외로 간단하다. 움직이면 된다. 움직이는 게 두렵더라도 용기를 내서 조금씩 움직이다 보면 다시 자신감이 생긴다는 아주 간단한 원리다. 근육의 긴장을 해소하기 위해서는 내 관절은 아직 괜찮다는 자신감을 회복하는 것이 무엇보다 중요하다.

실제 신체활동이나 운동을 조심스레 시도해 보면 움직임에 대한 위험 인식 수준이 낮아져 통증 수준도 낮아진다. 뇌가 이 정도 운동이나 신체활동은 위험하지 않다고 판단하도록 유도하는 것이다.

법칙 5

운동신경을 활성화시켜라

흔히 몸이 유연하고 움직임이 가벼운 사람에게 "운동신경이 좋다"고 말한다. 운동신경이란 무엇일까? 대뇌피질에서 보낸 운동 명령을 상위운동신경과 하위운동신경이 커뮤니케이션하며 몸을 뜻대로 움직이는 것을 말한다. 마치 끈에 매달린 꼭두각시 인형이 손의 조정에 따라 팔다리를 움직이듯 뇌에서 내려온 명령을 몸이 수행할 수 있도록 조절하는 신경이다.

잘못된 자세를 자각하고 바로잡게 하는 신경

처음에는 바른 자세를 취하더라도 장시간 같은 자세로 일하다 보면 어느 순간 자세가 무너진다. 이때 신경이 민감하면 스스로 자신의 잘못된 자세를 인지하고 교정할 수 있다.

3~4시간 집중해서 움직이지 않고 일을 한다고 생각해보자. 중간중간 1분 30초에서 3분 정도 몸을 움직여주고 자세를 바로잡아가며 일하는 사람과 그렇지 않은 사람은 나중에 자세에서 큰 차이를 보인다. 업무 중간중간 몸에 휴식 시간을 줘야 한다. 그 휴식 시간을 알리는 종을 치는 것이 바로 신경이다. 잘못된 자세를 자각하고 운동을 하라고 자극하는 일이 신경의 역할이다.

움츠린 신경세포를 자극하라

신경에 이상이 생기면 감각이 둔화되고 마비 증상이 오는 등 신체를 움직이고 감각을 받아들이는 모든 방면에서 장해가 생긴다.

눈을 감고 한 발 서기를 해보자. 신경의 민감도를 확인할 수 있다. 25초를 버틸 수 있는가? 해보면 알겠지만 쉽지 않다. 몸의 움직임에 대한 감각은 대뇌피질이 담당한다. 대뇌피질 속 신경세포는 27세에 정점에 이르며 35세 이후 퇴화하기 시작한다. 그때부터 움직임의 총기와 예민도가 떨어진다. 여기에 노화가 더해지고, 무리한 중량 운동과 스트레칭을 반복하면 회복할 수 없는 지경에 이르게 된다.

그렇다면 퇴화에 발을 들여놓은 움츠린 신경세포를 어떻게 활성화시킬 수 있을까? 바로 운동이다. 움직이지 않으면 신경은 점점 무뎌진다. 통증이 있더라도 천천히 움직여야 통증을 완화하는 데 큰 도움이 된다. 일상 속에서도 다양한 각도로 움직여야 한다. TV, 컴퓨터, 휴대폰 사용이 많아지면 시각집중도는 과도하게 높아지는 반면 관절감각은 떨어진다. 그러면 신경세포가 움직일 일이 없어진다.

화장지 한 장을 뭉쳐 손에 쥐고 양쪽 볼을 차례로 긁어보자. 양쪽 볼의 감각이 다르게 느껴진다면 촉각수용체에 이미 문제가 생겼다는 뜻이다. 이럴 때는 근육을 늘이고 버티는 스트레칭은 도움이 되지 않는다. 피부를 비비고 돌리고 누르는 자극이 필요하다. 이런 자극을 확장해 운동으로 연결시키는 것이 신경세포를 활성화하는 데 가장 좋다.

운동신경을 회복해야 통증신경을 막을 수 있다

통증은 뇌의 작용이다. 운동신경이 둔화되면 통증신경은 활성화된다. 통증신경이 활성화되면 근육의 긴장도가 높아져 관절이 뻣뻣해진다. 그러면 또다시 운동신경이 둔화되는 악순환의 고리가 만들어진다. 통증에서 벗어나려면 이 악순환의 고리를 끊어야 한다. 운동신경이 활성화되면 통증신경이 위축되어 통증에서 벗어날 수 있다. 운동신경이 통증신경보다 빠르게 뇌에 도달하기 때문이다. 이런 이유로 병원이나 재활의학과를 가면 부상이나 통증을 겪었다 하더라도 무리하지 않는 선에서 꾸준히 재활 운동을 유도하는 것이다.

운동을 하라고 해서 당장 피트니스센터로 달려갈 필요는 없다. 우리는 보디빌더처럼 멋진 근육을 만들려는 게 아니다. 관절이 제 기능을 할 수 있도록 조금만 신경 쓰면 된다. 건강을 해치는 나쁜 습관을 바꾸고 가벼운 스트레칭을 수시로 해주는 것만으로도 충분하다.

고개를 뒤로 돌려보자. 길을 가는데 누군가 뒤에서 내 이름을 부르면 고개를 돌려 뒤를 볼 수 있어야 한다. 그런데 의외로 고개가 돌아가지 않는 사람이 꽤 많다. 어깨와 고관절, 발목까지 움직여 온몸을 돌리려 안간힘을 쓰다 보면 몸은 쉽게 지치고 피로해진다.

왜 목을 뒤로 돌리는 쉬운 동작이 마음대로 안 되는 걸까? 왜 목을 돌려야 하는 순간에 온몸이 다 돌아가는 걸까? 바로 신경이 무뎌졌기 때문이다. 목의 근육을 지배하는 신경들이 목의 움직임을 일으킬 수 없도록 뻣뻣해진 것이다. 무뎌진 운동신경의 민감성을 우선 회복해야 한다. 그래야 피로를 막고 통증에서 벗어날 수 있다.

물리치료를 받을 때 저주파로 아픈 부위에 자극을 주면 시원한 느낌이 든다. 운동신경을 자극해 통증신경이 뇌로 들어오는 것을 막는 단순한 원리다. 이렇게 근육에 있는 운동신경을 활성화시켜주면 통증은 감소되고 건강에 대한 자신감은 회복할 수 있다.

법칙 6

초집중 1분으로 신경의 문을 열어라

피트니스센터에 가면 한 손에 스마트폰을 들고 운동하는 사람을 자주 목격한다. 러닝머신을 걸을 때도 TV를 보고, 자전거를 탈 때도 음악을 듣는다. 심지어 드라마를 보며 운동하는 사람도 있다. 이렇게 운동해도 효과가 있을까?

앉았다 일어서는 동작을 10회 한다고 치자. 이때 우리는 이 10번의 움직임에 얼마나 집중하고 있을까? 한두 번은 온전히 집중하겠지만 이내 다른 생각이 파고들어 집중력을 흐트러뜨린다. 그런 식으로 운동하면 근육을 지배하고 있는 신경의 문이 열리지 않는다. 근육이 온전히 쓰이고 있지 않기 때문에 수축과 이완 작용이 활성화되지 않는다.

상상력 발휘하며 운동에 집중하라

턱걸이를 한다고 가정해보자. 겨우겨우 10개를 했다. 5초 정도 쉬었다가 다시 하면 이번에는 놀랍게도 12~13개를 할 수 있다. 안간힘을 쓰는 동안 운동신경이 활성화되어 운동 능력이 높아진 것이다. 운동할 때 초집중을 하느냐 안 하느냐는 운동 능력의 차이로, 운동 결과로 나타난다.

자세 교정이나 체형 교정뿐 아니라 운동을 할 때도 가장 먼저 해야 할 일은 정신을 똑바로 차리고 집중하는 것이다. 말로는 쉽지만 몸으로는 절대 쉽지 않다. 우리의 눈과 귀와 코는 매 순간 다양한 자극에 노출된다. 새로운 정보가 입력되어 뇌에서 처리하는 동안 온갖 생각이 꼬리에 꼬리를 물고 일어난다. 이런 상황에서는 몸을 움직인다 하더라도 운동을 하고 있다고 보기 어렵다.

이처럼 다양한 자극에서 벗어나 운동에만 집중하려면 상상력을 발휘해야 한다. 근육 운동을 한다면 사용하는 근육이 수축과 이완을 반복하는 장면을 상상하는 것이다. 해부학적인 지식이 없어도 상관없다. 그냥 자기 나름대로 자신의 손목과 어깨에 집중해 움직임을 느끼다 보면 근육이 어떻게 움직이는지 감이 온다. 이렇게 자신의 움직임 하나하나에 초집중해보자. 운동 효과는 물론 칼로리 소모도 30~40% 높아진다.

걷기 하나도 이미지 트레이닝

'골프는 90%의 정신력과 10%의 정신력으로 하는 게임'이라는 말이 있다. 결국 골프는 100% 정신력 싸움이라는 뜻으로, 그만큼 정신력이 중요하다는 얘기다. 프로 골퍼들은 집중력을 높이기 위해 상담에 많은 시간을 투자한다. 냉철한 자기인식을 통해 어느 경기에 나가도 흔들리지 않도록 정신력을 단련하는 것이다. 운동은 몸으로 하는 것 같지만 마음과 영혼까지 함께 정렬되어야 하는 활동이다.

대부분의 운동선수들이 이미지 트레이닝을 한다. 올바른 기술을 연마하기 위해 머릿속에서 그 운동이나 동작을 그려 보며 연습한다. 이미지 트레이닝을 하면 그냥 연습장에 서는 것보다 두 배로 운동한 효과를 거둘 수 있다.

프로선수가 아니어도 괜찮다. 단지 걷기 운동을 한다 해도 이미지 트레이닝을 시도해보자. 자신의 자세 하나하나, 움직임 하나하나에 집중하며 운동한 사람과 그렇지 않은 사람은 운동 효과에서 완전히 다른 결과가 나타날 것이다.

법칙 7

자신만의 호흡을 되찾아라

운동에 관해 이야기할 때 호흡은 빼놓을 수 없는 포인트다. 호흡 자체를 운동으로 활용하는 경우도 많다. 물론 통증과 호흡도 밀접한 관계를 맺고 있다.

깊고 길게 호흡하며 집중하면 통증이 줄어든다

2020년 미국통증학회에서 발간하는 〈통증 저널Journal of Pain〉에 실린 한 논문에 따르면, 깊고 안정적인 호흡을 하면 통증을 줄일 수 있다. 1분에 6회 정도의 느린 호흡을 하되, 들이마시는 호흡보다 내쉬는 호흡을 길게 하면 통증을 가장 적게 느끼게 된다는 것이다.

기본적으로 호흡을 느리고 길게 하면 호흡하는 데 집중하게 되어 통증이 경감되는 효과를 볼 수 있다. 이는 요가나 명상 등에서도 사용하는 방법이다. 호흡에 집중하다 보면 중추신경계가 안정되면서 마음이 편안해지고 통증이 완화되는 효과가 나타난다.

운동할 때 자연스러운 호흡을 유지한다

요가는 수련을 위한 준비운동의 의미가 크므로 몸과 마음이 이완되기 쉬운 호흡법을 취한다. 하지만 통증을 완화하고 일상의 움직임을 회복하기 위한 스트레칭에선 호흡은 신경 쓰지 않을수록 좋다.

호흡은 본래 몸의 움직임에 따라 자연스럽게 반응하게 되어 있다. 운동할 때도 평소와 같이 들이마시고 내쉬는 호흡법을 유지하면 된다. 무엇보다 호흡을 참으며 근육을 길게 늘이는 것이 스트레칭이라는 고정관념에서 벗어나야 한다.

큰 동작을 할 때는 호흡을 크게 내쉰다

동작을 크게 할 때는 호흡을 길게 내쉬는 것이 좋다. 호흡에 너무 신경 쓰다 보면 박자가 안 맞아 내쉬어야 할 때 들이마시고, 들이마셔야 할 때 내쉬는 일이 발생한다. 그러면 정확한 동작이 나오지 않는다. 큰 호흡 역시 자연스러운 움직임 안에서 나오는 것이 가장 좋다.

PART

3

초집중 1분,
통증이 사라지는
기적의 운동

바른 움직임을 회복하는 신체 부위별 운동

신체 부위별 운동 1

목

Neck

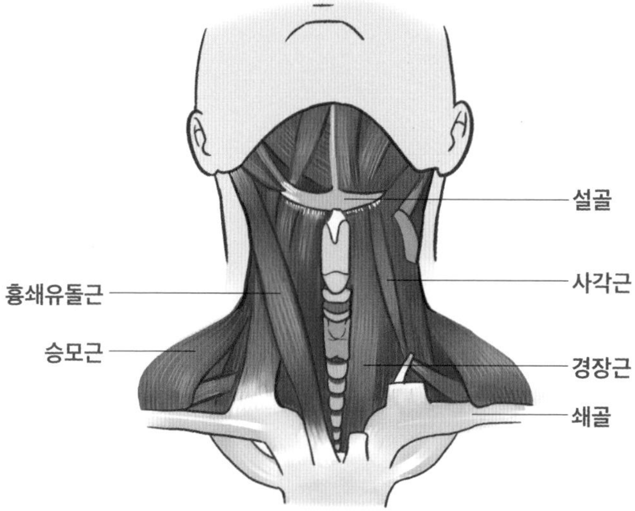
설골
사각근
흉쇄유돌근
승모근
경장근
쇄골

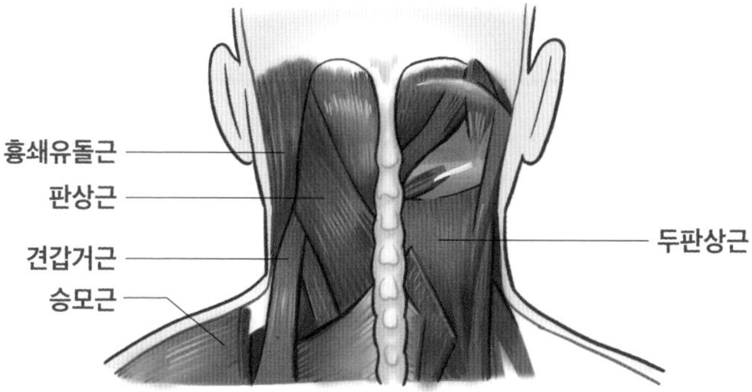
흉쇄유돌근
판상근
두판상근
견갑거근
승모근

만성 목 통증의 3가지 원인

현대인 10명 중 4명 정도가 만성 목 통증에 시달린다. 교통사고 등으로 다쳐서 생기는 통증을 '급성 통증' 또는 '급성 부상'이라고 한다. 그런데 이런 사고보다 별다른 부상 없이 목 통증을 겪는 사람이 훨씬 많다. 고된 업무에 시달리는 사람들, 컴퓨터나 스마트폰에 장시간 몰입하는 사람들, 나이가 들면서 서서히 노화가 시작된 사람들 대부분 오랫동안 누적된 잘못된 자세와 스트레스로 통증을 겪는다. 이런 경우를 '만성 통증'이라고 한다. 만성 목 통증의 원인은 크게 3가지로 나눌 수 있다.

목 뒤쪽 근육이 경직되었다

목에는 흉쇄유돌근, 사각근, 판상근 등 많은 근육이 있다. 손으로 쉽게 만져지는 목 앞뒤 근육 외에도 보이지 않는 여러 근육이 목을 둘러싸고 있다. 바로 이 근육들이 뻣뻣하게 경직되면 통증을 겪게 된다. 만성 목 통증 중에는 근육 경직으로 인한 통증이 가장 많다.

예를 들어 컴퓨터 모니터를 장시간 보는 업무에 종사하고 있는 사람들은 대부분 목 통증을 호소한다. 이런 작업을 할 때 목에 비스듬히 뻗어 있는 흉쇄유돌근과 목 뒤쪽에 있는 승모근 등의 근육이 경직되기 때문이다. 뒷머리 아래쪽에 있는 후두골부터 그 아래로 내려오는 뒷머리 근육에는 신경세포가 다른 근육보다 많이 분포되어 있다. 그래서 모니터를 집중해서 바라보는 것만으로도 뒷목이 펴지면서 에너지가 앞으로 쏠려 뒷목이 뻣뻣해지고 묵직한 통증이 나타난다.

목 앞쪽 근육이 약화되었다

목 통증의 두 번째 원인으로 근육의 약화를 꼽을 수 있다. 경직된 근육은 약해지기 마련이다. 만성 목 통증 환자 10명 중 5명은 목 앞쪽에 있는 경장근이 약화되어 통증을 겪는다. 경장근이 약해지면 목 뒤쪽 근육이 과도하게 긴장해서 수축하기 때문에 통증이 유발된다.

또한 교통사고 등 부상으로 인해 뒷목의 경직을 경험한 환자 대부분은 오래지 않아 목 앞쪽 근육의 약화를 겪게 된다. 보통 셀카를 찍을 때 얼굴이 갸름해 보이도록 턱을 아래로 당기는데 이 동작이 잘 안 된다면 목 앞쪽 근육이 약해진 상태라고 볼 수 있다.

목 근육이 약해지면 자세를 바로잡도록 뇌에 신호를 전달하는 센서에 문제가 생긴다. 그래서 거북목처럼 목을 앞으로 쭉 내밀고 있는 사람들은 대부분 몸 전체의 정렬과 자세가 나쁘다.

신경의 민감성이 떨어졌다

만성 목 통증의 세 번째 원인은 무뎌짐이다. 즉 신경적으로 둔해지는 것이다. 인체의 신경은 평균 35세 이후부터 점차 쇠퇴한다. 그 예로, 나이가 들수록 눈을 감고 외발로 서는 자세를 유지하기가 어렵다. 균형 감각이 떨어지기 때문이다. 이는 관절에 있는 신경세포들이 둔화되었다는 이야기다.

흔히 목 근육을 '제2의 전정기관'이라고 한다. 전정기관은 귀 안에서 몸의 균형을 담당하는 기관으로, 우리가 중심을 잡고 걸을 수 있게 한다. 이 전정기관의 작용을 목 근육이 보완하는데 목에 문제가 생기면 균형 감각이 크게 떨어질 수 있다. 그래서 나이가 들고 목이 약해지면 낙상의 위험이 커진다.

다들 목 근육을 잘못 사용하고 있다

●● 잘못된 근육 사용은 통증으로 직결된다. 목을 너무 쳐들거나 반대로 푹 숙여야 하는 근무환경, 한쪽으로만 계속 사용하는 업무 패턴은 근육의 과도한 긴장을 초래해 통증을 부른다.

코어 운동을 얼굴 근육으로 하는 사람들

최근 몇 년 사이 코어 근육의 중요성이 강조되면서 많은 사람들이 코어 운동을 하는데, 잘못된 방법으로 운동하다 오히려 건강을 해치는 경우를 종종 본다.

코어 근육을 단련할 때 대부분 체간을 구부리는 운동을 많이 한다. 그런데 이때 복근이 아니라 목 근육을 사용하는 사람들이 생각보다 많다. 얼굴과 목에 힘을 잔뜩 주고 운동하는 모습을 보면 마치 얼굴과 목 근육을 키우기 위해 운동하는 것처럼 보일 정도다. 이렇게 목에 힘을 잔뜩 주고 운동하면 혈액이 몰리면서 압력이 올라가 목이 뻣뻣해지고 통증이 더 악화될 수 있다.

특히 출산 직후의 여성이나 배가 나온 중년 남성은 코어 운동을 하기에 역부족인 경우가 많다. 복부 주변의 근육이 너무 약해져 있기 때문이다. 이런 상태에서 단계별 운동 처방 없이 바로 코어 운동으로 돌입하면 몸에 무리가 간다. 막연히 초콜릿 같은 복근을 상상하며 운동을 하지만 실제로는 이를 악물고 운동하는 동안 목 근육이 경직되어 통증을 야기하는 것이다.

목 근육으로 버티는 플랭크

플랭크도 많은 사람들에게 사랑받는 운동이다. 정확한 동작으로 꾸준히 하면 복부 근육을 단련할 뿐 아니라 자세 교정에 큰 도움을 받을 수 있다. 하지만 이 역시 복근이 약해진 상태에서는 피해야 하는 동작이다. 이를 악물고 안간힘을 쓰는 동안 복근이 해야 할 역할을 얼굴과 목 근육이 대신하기 때문이다. 이처럼 잘못된 운동법은 한두 번만으로도 목에 큰 무리를 줄 수 있다. 순간적으로 목 근육이 경직되면서 통증을 부를 수 있기 때문에 주의가 필요하다.

목 통증 오면
그다음은 어깨 통증

목 운동을 하다 보면 어느 한쪽이 더 뻣뻣하거나 잘 안 돌아가는 게 느껴진다. 이때 유심히 관찰하면 해당하는 쪽의 어깨가 반대쪽 어깨보다 더 무겁거나 뻣뻣하게 느껴지는 경우가 많다. 이는 목이 어깨와 연결되어 있기 때문이다.

주변의 관절 통증으로 이어지는 보상작용

한 부위의 관절에 문제가 생기면 주변의 다른 관절을 더 많이 쓰게 된다. 예를 들어 어깨관절의 가동 범위가 좁아지면 목이 무리한 동작으로 어깨의 일을 대신하는 식이다. 이를 '보상작용'이라 한다. 보상작용은 특정 관절의 문제를 주변으로 확산하는 결과를 초래한다. 한 관절이 기능을 잃으면 연쇄반응으로 주변 관절이 뻣뻣해지는 게 바로 이런 이유다.

안 돌아가는 어깨관절의 일을 주변 관절이 해야 하기 때문에 피로가 쌓이고, 나중에는 통증이 어느 부위에서 시작되었는지도 모를 만큼 전반적인 통증에 시달리게 된다. 따라서 통증이 처음 시작되었을 때 방치하지 말고 적극적으로 치료하는 것이 중요하다.

목 통증이 어깨 통증을 부른다

어깨 통증이 목 통증 때문에 시작될 수 있다는 사실을 눈치채지 못하는 사람들이 많다. 대부분 갑자기 뒷목이 뻣뻣해지면 '잠을 잘못 잤나?', '오늘 무리해서 그런가?' 하고 무심코 넘긴다. 그러다 어깨 통증이 시작되면 그건 또 완전히 다른 문제로 생각한다. 오십견이니 석회가 끼었다느니 옆에서 말을 거드는 사람도 많아 원인 제공자였던 목의 문제는 간과해버린다. 주범인 목은 그대로 두고 어깨만 치료하다 보니 오래지 않아 통증이 재발하는 것이다.

이처럼 생각보다 많은 어깨 통증이 목 통증 때문에 발생한다. 어깨가 아파 나를 찾아온 사람에게 목을 아래로 숙여보라고 하면 제대로 안 숙여지는 동작을 어깨를 끌어올림으로써 보상하는 경우를 많이 본다. 그러면서 자기 목에는 문제가 없다고 확신한다. 안타깝게도 착각이다. 목 통증과 어깨 통증은 단짝처럼 거의 함께 다니는 경우가 많다. 관절이 인접해 있고 근육 또한 직접적으로 연결되어 있기 때문이다. 그런 점에서 목의 통증을 개선하는 것은 어깨 통증을 예방하는 효과가 있다.

목 건강
자가 진단법

자신의 목 상태가 어떤지 간단한 동작을 통해 스스로 점검해보자. 다음 5가지 동작은 목 근육의 상태를 확인하는 동시에 무뎌진 신경을 되살리는 운동 효과를 얻을 수 있다. 이 동작들을 할 때 아프거나 뻐근한 느낌이 든다면 목 건강에 경고등이 켜졌다고 볼 수 있다. 처음부터 무리하지 말고, 근육에 기름칠을 한다는 느낌으로 천천히 가동 범위(고개 돌리기의 경우 30도, 60도, 90도)와 횟수를 늘려나간다.

좌우로 목 돌려 숙이기

1. 바른 자세로 서서 고개를 왼쪽으로 90도 돌린다.
2. 턱이 쇄골에 닿도록 고개를 그대로 숙인다.
3. 천천히 고개를 들어 올린 후 오른쪽도 같은 방법으로 실시한다.
4. 좌우 왕복 동작을 5~7회 반복한다.

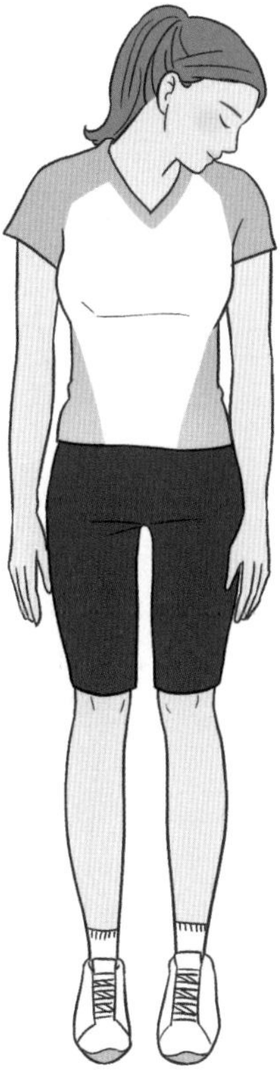

advice

동작을 할 때는 숨을 참지 말고 평소처럼 편안하고 자연스럽게 호흡하는 것이 좋다.

위아래 좌우로 목 돌리기

❶ 바른 자세로 서서 고개를 앞으로 숙인다. 쇄골의 중간 부위에 턱이 닿을 정도로 깊이 숙인 후 10초간 유지한다.

❷ 턱이 천장을 향해 일직선이 되도록 고개를 천천히 들어 올린 후 10초간 유지한다.

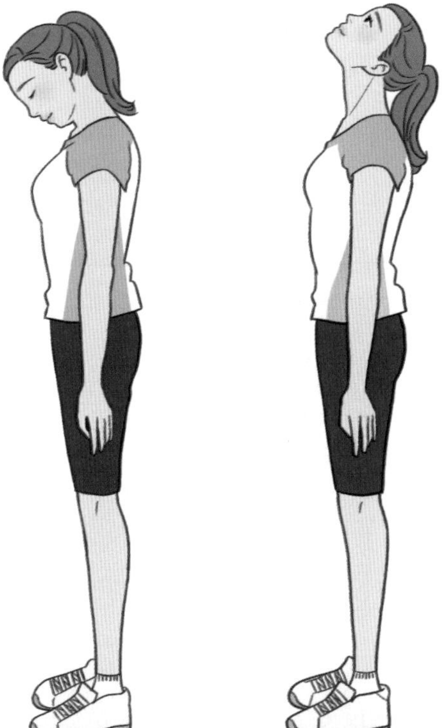

③ 고개를 오른쪽으로 90도 돌려 10초간 유지한다.

④ 고개를 왼쪽으로 90도 돌려 10초간 유지한다.

⑤ 4가지 동작을 5~7회 반복한다.

advice

이 동작을 7회 정도 반복하면
운동을 시작하기 전보다
통증이 30~40% 정도
감소되는 것을 느낄 수 있다.

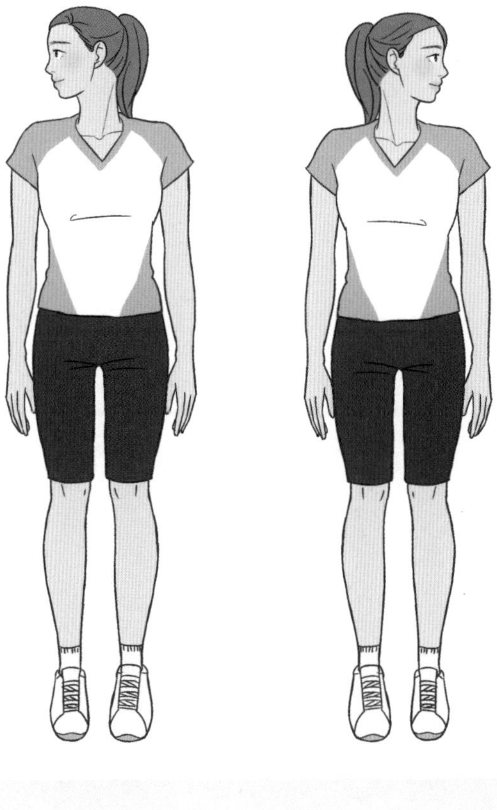

목 앞쪽 근육 강화하는 등척성 운동

운동 효과

목 앞쪽 경장근 강화

목 디스크 예방

어깨 주변 결림 완화

목을 앞으로 숙이는 동작을 장시간 하면 목 뒤쪽 근육의 스트레스가 높아지고 목 앞쪽 근육은 약해진다. 목 앞쪽 근육을 강화시켜야 목 통증을 개선할 수 있다. 여기에서 소개하는 운동의 포인트는 미는 힘과 버티는 힘이 균형을 이루는 것이다.

머리 한쪽으로 밀며 손으로 버티기

1. 오른손을 편 상태로 오른쪽 머리에 갖다 댄다.
2. 머리는 손 쪽으로 밀고, 손은 밀리지 않게 버틴다. 미는 힘과 버티는 힘이 균형을 이뤄 목이 거의 움직이지 않아야 한다.
3. 20~30초간 유지한 뒤 반대쪽도 같은 방법으로 실시한다.

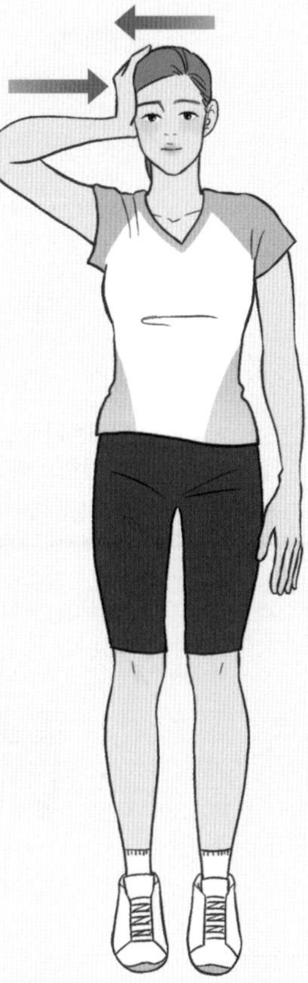

엄지손가락으로 턱 받치고 버티기

❶ 양 손바닥을 맞댄 후 엄지손가락을 턱 밑에 갖다 댄다.

❷ 고개는 아래로 숙이고, 턱을 받친 엄지손가락은 고개가 숙이지 못하도록 버틴다. 엄지손가락의 받치는 힘과 턱의 숙이는 힘이 균형을 이뤄 목이 거의 움직이지 않아야 한다.

❸ 20~30초간 유지한다.

advice

인체에 작용하는 에너지를 변환시키는 동작이다. 목 뒤쪽에 집중되어 있던 에너지를 앞으로 끌어오면 경직된 뒷목의 긴장감이 완화되고 통증이 감소한다.

PLUS EXERCISE

엄지손가락으로 턱 받치고 내렸다 올리기

기본 동작에서 이번에는 턱을 받친 엄지손가락으로 저항하며 고개를 천천히 숙인다. 고개를 들어 올릴 때는 저항 없이 손과 턱을 천천히 움직인다. 10회 반복하고, 익숙해지면 3~5세트로 진행한다.

목 빼고 당기기

❶ 바른 자세로 서서 목만 앞으로 쭉 뺀다.

❷ 이번에는 반대로 목을 최대한 끌어당겨 이중턱을 만든다.

❸ 어깨가 함께 움직이지 않도록 주의하면서 5~7회 반복한다.

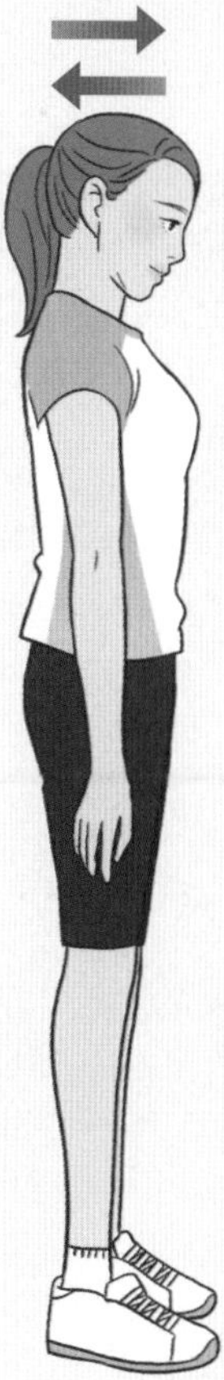

advice

목 운동을 할 때는 거울을 보면서 자신의 자세를 확인하는 것이 좋다. 온도와 습도가 적절한 욕실에서 양치나 샤워를 할 때 동작을 하면 근육이 부드럽게 이완되어 더욱 효과적이다.

무뎌진 목 신경 살리는 운동

운동 효과

부상 위험 감소

목의 가동 범위 확대

신경은 오래 사용하지 않거나 잘못 사용하는 습관이 길어지면 점점 둔화된다. 신경을 부드럽게 자극하는 운동을 해야 부상 위험을 낮추고 목의 기능을 높일 수 있다. 다음 2가지 동작을 부드럽게 연결해서 진행하되, 통증이 느껴질 정도로 무리하게 움직여선 안 된다. 편안한 범위 내에서 동작을 하며 가동 범위를 점차 넓혀나가자.

목 양옆으로 움직이기

1. 바른 자세로 선 뒤 얼굴은 정면을 향한 상태에서 목만 왼쪽으로 쭉 민다.
2. 시작 자세로 돌아온 후 목을 오른쪽으로 다시 쭉 민다.
3. 경추에서 얼굴을 분리하는 느낌으로 5~7회 반복한다.

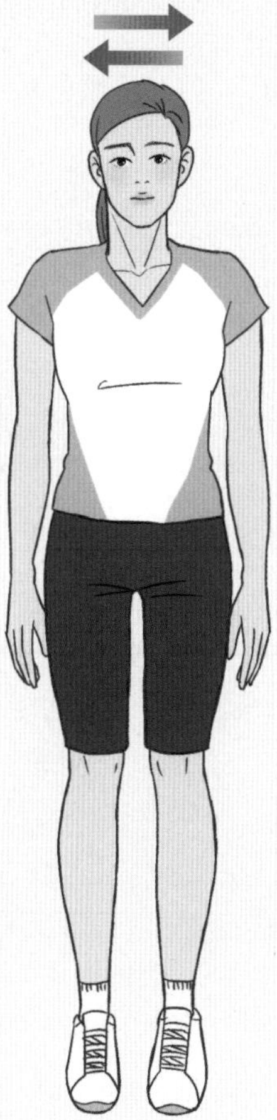

advice

목을 쭉 밀 때 고개가
돌아가지 않도록 주의한다.

PLUS EXERCISE

목 돌리기

얼굴은 정면을 향한 상태에서 목을 왼쪽에서 오른쪽으로 천천히 360도 돌린다. 이번에는 반대쪽으로 360도 돌린다. 정수리가 천장에 매달려 있다는 느낌으로 5~7회 반복한다.

신체 부위별 운동 2

어깨

Shoulder

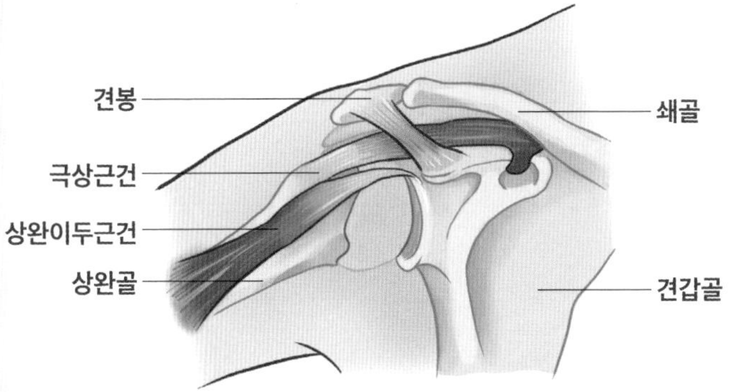

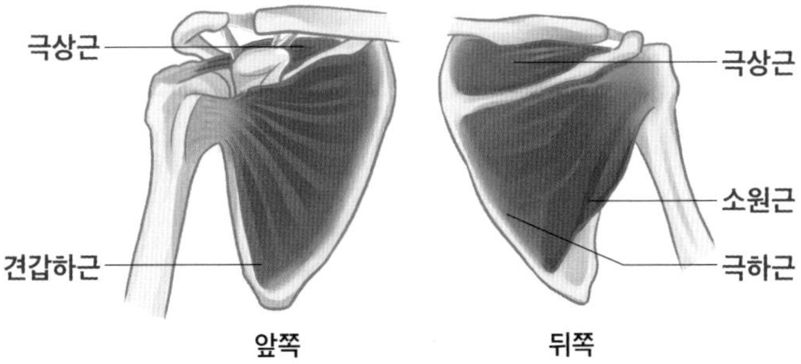

<u>회전근개를 이루는 근육들</u>

어깨 근육을 알아야 통증을 막는다

50세 전후로 어깨 통증을 호소하는 사람이 많다. 그들은 하나같이 어느 날 갑자기 멀쩡하던 어깨가 불편해졌다고 말한다. 옷을 입고 벗을 때 어깨에 통증이 느껴지고 팔을 등 뒤로 돌리는 것도 어렵다. 어떤 사람은 팔이 아예 안 올라간다고 호소한다. 이런 경우 흔히 오십견을 의심한다. 하지만 오십견이라고 해서 50세에만 나타나는 건 아니다. 더 낮은 연령대부터 70대까지 누구에게나 발생할 수 있다. 우선 어깨에 대해 알아보자. 정확한 진단을 통해 원인을 알고 그에 맞는 운동과 치료를 병행해야 통증도 막을 수 있다.

어깨 통증과 근육의 상관관계

어깨는 상완골과 견갑골, 쇄골 등의 뼈가 회전근개건과 상완이두건 등에 의해 연결된 구조로 되어 있다. 상체 중 움직임이 가장 많은 부위인 만큼 많은 근육이 붙어 있다. 팔을 들어 올리는 간단한 동작을 하더라도 어깨는 물론 팔과 가슴, 등 쪽의 근육들이 함께 작용한다. 따라서 한 근육의 움직임이 잘못되면 연쇄적으로 다른 근육에도 영향을 미쳐 통증으로 연결될 가능성이 높다.

어깨 통증은 주로 어깨 근육을 잘못된 방법으로 사용하는 데서 시작된다. 어깨를 들어 올리거나 내릴 때, 물건을 들어 올릴 때, 무리한 운동 등이 영향을 미친다. 특히 운동할 때 어깨에 심한 자극을 주는 움직임 패턴이 반복될 경우 통증이 쉽게 유발될 수 있다. 잘못된 자세 때문에 근육이 뭉쳐 어깨 결림이 나타나기도 한다. 장시간 목을 과도하게 숙이는 자세를 피하고, 어깨가 앞으로 굽어지지 않도록 자주 어깨를 펴줘야 한다.

만성 어깨 통증의 60%가 어깨충돌증후군

성인 10명 중 3명 정도가 어깨 통증을 겪는다. 특히 중년 이후 만성 어깨 통증의 60%가 어깨충돌증후군이다. 일반적으로 팔을 들어 올릴 때 견갑골의 견봉과 상완골의 대결절부에 마찰이 발생해 염증이 생기면서 통증이 유발되는 것으로 알려져 있다. 초기에는 특정한 자세나 과격한 움직임 때문에 통증이 한두 번 발생하지만 심해지면 하루 종일 지속되기도 한다. 흔히 오십견이라고 생각될 때도 정밀검사를 하면 어깨충돌증후군인 경우가 많다.

어깨충돌증후군은 경직을 푸는 다양한 동작을 통해 운동 범위를 회복하고 관절 주변 연부조직의 유연성을 회복해야 한다. 하지만 통증 때문에 동작을 하기 어렵다면 의료 전문가의 도움을 받아 통증을 조절하면서 운동이나 치료를 받는 것이 좋다.

어깨충돌증후군이 생기는 이유

어깨충돌증후군은 어깨 힘줄인 회전근개가 바로 위쪽에 있는 견봉이라는 뼈와 부딪치면서 염증이 생겨 통증을 일으키는 질환이다. 팔을 들어 올리거나 어깨 회전운동을 할 때 통증이 심해져 일상생활에 불편함을 겪게 된다. 어깨를 움직일 때 견봉 아래에서 삐걱거리는 소리가 들리고 통증이 나타난다면 어깨충돌증후군을 의심해봐야 한다. 그럼 어쩌다 발생하는 걸까?

어깨 사용법이 잘못되었다

모든 근육과 관절에는 사용법이 있다. 움직이는 방향, 힘이 작용하는 방향 등에 맞게 사용해야 오래도록 건강하게 사용할 수 있다.

그런데 잘못된 자세를 장시간 유지해 나쁜 자극이 쌓이거나 운동을 안 하다가 갑자기 과하게 하면 어깨에 문제가 발생한다. 어깨충돌증후군 진단을 받는다면 평소 자신의 생활습관을 돌아볼 필요가 있다. 치료를 통해 통증이 완화된다 해도 습관을 바꾸지 않으면 오래지 않아 재발하기 때문이다.

직업병에서 비롯된다

어깨는 팔이 아래쪽에 있으면 별문제가 없다. 팔이 머리 쪽으로 올라가는 동작이 많아지면 그때부터 문제를 일으키기 시작한다. 이런 동작은 직업과 관련이 많다. 미용사, 목수, 조각가, 음악가 등 손으로 하는 일이 어깨 위에서 많이 진행되는 사람들은 근육이 과도하게 경직되어 통증을 겪기 쉽다.

극상근이 두꺼워졌다

어깨관절은 극상근, 견갑하근, 소원근, 극하근 등 4개의 근육이 덮고 있다. 최근 진행된 연구에 따르면, 어깨의 회전근개 중 극상근이 두꺼워지면서 어깨를 올릴 때마다 견봉 밑의 공간에 압박감을 줄 수 있다고 한다. 즉 충돌이 일어난다는 것이다.

상체 근육을 키우는 운동이 남성들 사이에서 크게 유행하고 있다. 하지만 불균형한 근육 발달은 항상 문제의 소지를 안고 있다 해도 과언이 아니다. 건강해지려고 운동하다가 어깨가 망가지는 경우는 생각보다 흔하다.

어깨 건강
자가 진단법

어깨가 안으로 굽어 있는 사람은 바르게 선 상태에서 만세 자세를 취하기 어렵다. 팔이 수직으로 올라가지 않거나 등 뒤로 팔이 잘 모이지 않는다면 어깨가 굽은 상태라고 볼 수 있다. 다음 동작들은 어깨의 가동 범위를 확인하는 자가 진단법이다. 동작이 통증 없이 매끄럽게 된다면 어깨가 건강하다는 증거다.

팔 수직으로 들어 올리기

1. 바른 자세로 서서 양팔을 쭉 편다.
2. 팔꿈치가 구부러지지 않게 주의하며 오른팔이 귀에 닿을 때까지 천천히 옆으로 들어 올린다.
3. 천천히 내린 후 이번에는 오른팔을 쭉 편 채 앞으로 귀까지 천천히 들어 올린다. 왕복 동작을 5~7회 반복한 후 반대쪽도 같은 방법으로 실시한다.

advice

등을 바르게 편 상태에서 팔을 올려야 한다. 새우등처럼 등이 둥글게 말리면 팔이 잘 올라가지 않는다. 특히 팔이 올라오지 않는다고 목을 옆으로 기울여서 어깨에 닿게 하면 안 된다.

팔 위아래로 교차해 움직이기

1. 양팔을 반듯하게 펴서 어깨 높이까지 들어 올린다.
2. 팔꿈치를 90도로 구부려 오른팔은 위로 올리고, 왼팔은 아래로 내린다.
3. 양팔을 반대로 움직인다. 양팔 교차하는 동작을 5~7회 반복한다.

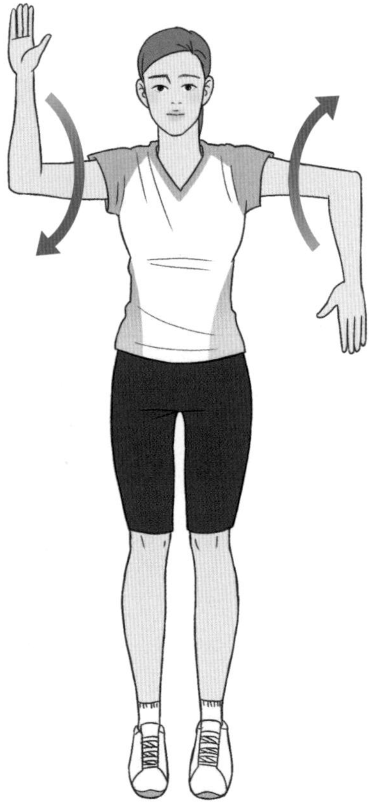

등 뒤에서 주먹 맞대기

1. 양팔을 반듯하게 펴서 어깨 높이까지 들어 올린다.
2. 엄지손가락을 손바닥 안으로 구부려 넣고 주먹을 말아 쥔다.
3. 왼팔은 어깨 위로 구부려 등 뒤로 넘기고 오른팔은 허리 뒤로 구부려 넘긴다.
4. 두 주먹을 등 뒤에서 마주 보게 한다.
5. 양팔의 방향을 바꿔본다. 좌우 왕복 동작을 5~7회 반복한다.

advice

두 주먹을 무리해서
닿게 하려고 애쓰지 않는다.
두 주먹의 거리를
30cm → 20cm → 10cm로
줄여가며 어깨의
가동 범위를 넓혀본다.

어깨 근육 경직 푸는 운동

운동 효과

어깨 근육 이완

어깨 민감성 회복

어깨 통증 완화

경직은 근육과 함께 신경이 뻣뻣해져 있다는 뜻이다. 단단하게 뭉쳐 있는 어깨 근육을 부드럽게 풀어보자. 특히 어깨 경직은 목 근육과 함께 풀어주면 더욱 효과적이다. 목을 옆으로 숙이는 동작을 할 때 어깨 전체에 절절거리는 통증이 올 수 있는데, 이는 어깨를 관장하는 상완신경이 경직되었음을 의미한다.

배트맨 어깨 운동

1. 손으로 배트맨 가면을 만들 때처럼 양손의 엄지와 검지로 동그라미를 만든다.
2. 양팔을 들어 올리면서 양 손가락을 턱 밑에 갖다 댄다.
3. 양손으로 만든 동그라미가 눈에 닿도록 양팔을 올렸다가 내린다.
4. 어깨 아래쪽이 저리는 감각을 느끼며 5~7회 반복한다.

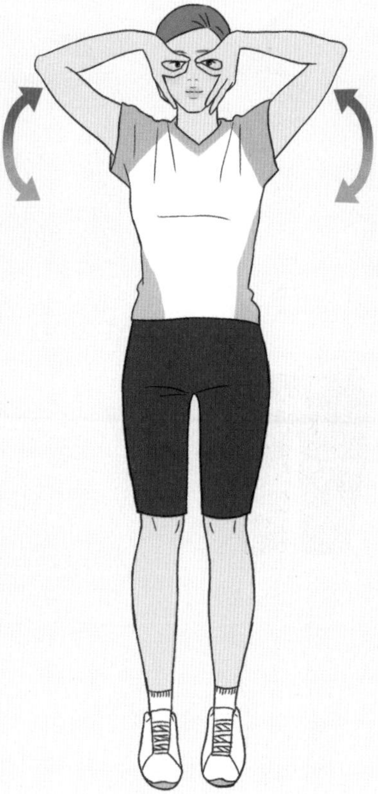

손목 꺾고 어깨 당겨 내리기

1. 바른 자세로 서서 오른팔을 몸 옆으로 쭉 편다.
2. 뻗은 팔의 손목을 꺾어 바닥과 수평을 유지한다.
3. 목을 왼쪽으로 기울이며 오른쪽 어깨를 당겨 내린다.
4. 목을 옆으로 기울였다 바로 세우는 동작을 5회 반복한다.
5. 반대쪽도 같은 방법으로 실시한다.

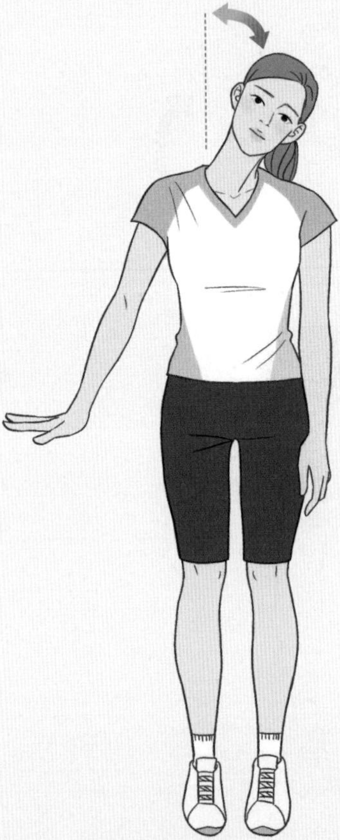

advice

동작을 할 때는 천천히
부드럽게 시행한다.
목을 옆으로 기울이면서
찌릿찌릿한 전기 자극이
오는 것을 느껴본다.
어깨를 더 당겨 내릴수록
더욱더 자극된다.

팔 구부리고 목 옆으로 기울이기

1. 바른 자세로 서서 오른손의 엄지손가락을 손바닥 안으로 구부려 넣고 주먹을 말아 쥔다.
2. 오른팔의 팔꿈치를 살짝 구부려 주먹을 몸쪽으로 향하게 한다.
3. 목을 왼쪽으로 기울이며 오른쪽 어깨가 늘여지는 것을 느껴본다.
4. 목을 똑바로 세웠다가 다시 기울이기를 5~7회 반복한다.
5. 반대쪽도 같은 방법으로 실시한다.

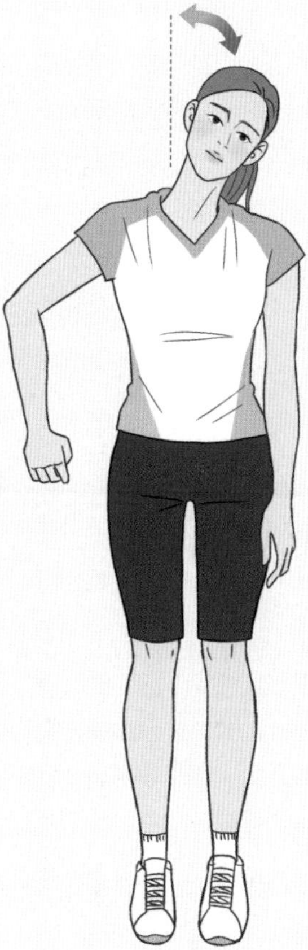

PLUS EXERCISE

목 기울이며 어깨 당겨 내리기

기본 동작을 하는 데 무리가 없다면 이번에는 어깨까지 아래로 끌어내린다. 주먹이 몸 앞쪽으로 들어올 정도로 당겨본다. 5~7회 반복한 뒤 반대쪽도 같은 방법으로 실시한다.

승모근
강화 운동

운동 효과

승모근 비대 예방

승모근 강화

견갑거근 경직 해소

승모근이 경직되지 않아야 어깨가 건강하다. 승모근은 앞으로 쇄골, 뒤로는 견갑골이 붙어 있어 어깨 안정화에 매우 중요한 역할을 한다. 어깨를 돌리거나 들어 올리는 동작을 하면 승모근이 강화되면서 어깨가 편안해지는 것을 느낄 수 있다. 어릴 때 했던 '으쓱으쓱' 동작으로 돌덩이같이 굳은 승모근을 이완시켜보자.

칙칙폭폭 어깨 돌리기

❶ 왼팔을 쭉 편 채 앞으로 들어 올린다.

❷ 레일 위를 달리는 기차 바퀴처럼 어깨를 앞뒤로 리듬감 있게 돌린다. 어깨로 핸드볼 공만 한 크기의 원을 그린다고 생각하면 쉽다.

❸ 앞에서 뒤로 5~7회, 뒤에서 앞으로 5~7회 반복한다.

❹ 반대쪽도 같은 방법으로 실시한다.

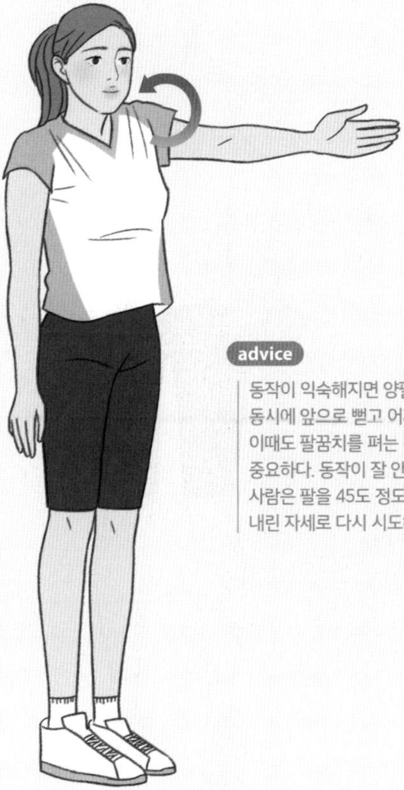

advice

동작이 익숙해지면 양팔을 동시에 앞으로 뻗고 어깨를 돌린다. 이때도 팔꿈치를 펴는 것이 중요하다. 동작이 잘 안 되는 사람은 팔을 45도 정도까지 내린 자세로 다시 시도해본다.

양쪽 어깨 끌어올리기

❶ 양손에 500mL 생수병을 하나씩 든다.

❷ 팔꿈치를 살짝 구부려 원숭이 팔처럼 양손이 몸 앞에 놓이게 한다.

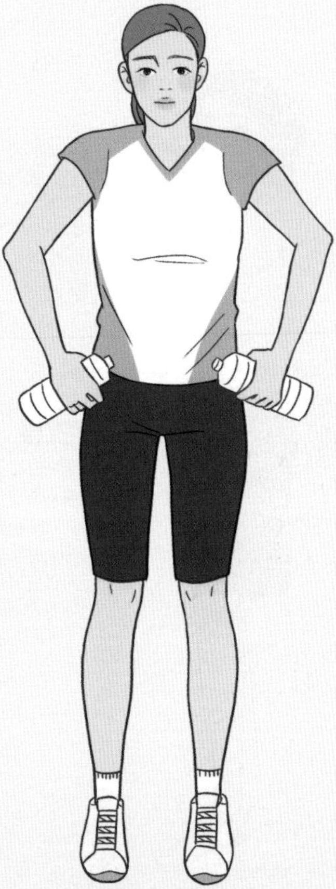

❸ 팔이 흔들리지 않게 주의하면서 양쪽 어깨를 끌어올린다.

❹ 어깨의 견봉뼈가 귓불에 닿을 정도로 올렸다 내린다. 5~7회 반복한다.

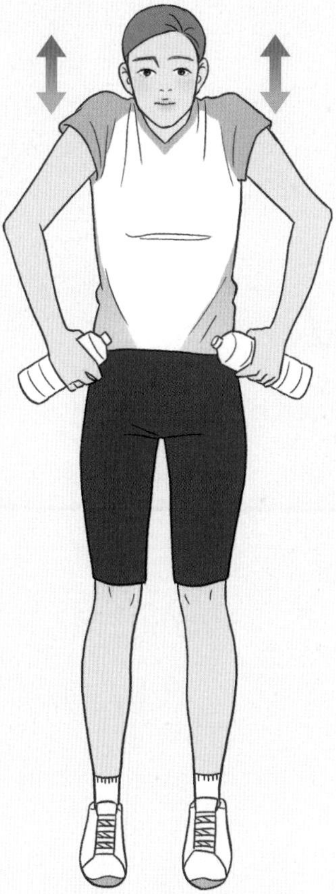

NG!

어깨 신경이 무뎌진 사람은 자기도 모르게 어깨를 뒤로 당기는 경향이 있다. 어깨를 수직으로 길게 끌어올려야 한다. 또한 어깨 근육이 약해진 사람은 어깨를 균형감 있게 끌어올리기 어렵다. 어깨를 끌어올릴 때는 좌우 균형이 중요하다.

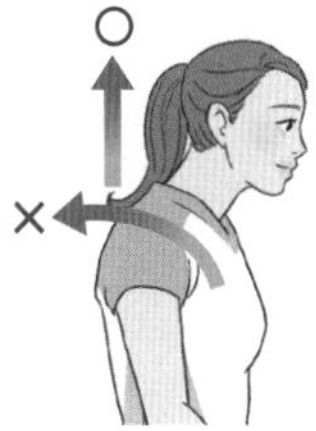

신체 부위별 운동 3

허리

Waist

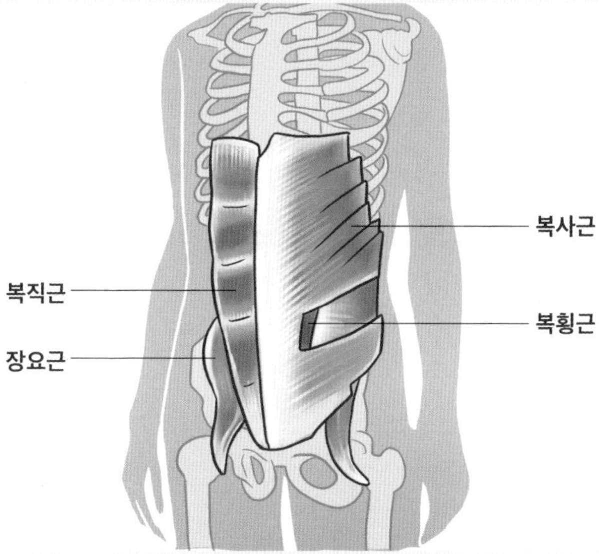
복사근
복직근
복횡근
장요근

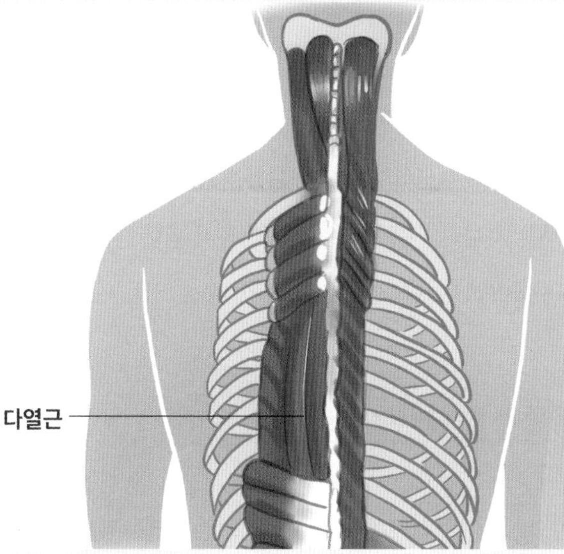
다열근

허리 통증,
정말 척추의 퇴화 때문일까?

한 통계에 따르면, 직장인 10명 중 6명이 허리가 아파 직장에 못 나간 적이 있다. 전 국민의 80% 정도가 살면서 한 번 이상 허리 통증을 겪는다. 허리에 저릿저릿한 통증이 나타나면 많은 사람이 척추 이상을 의심한다. 허리디스크, 척추측만증 등 뼈와 관련된 척추질환이나 척추관절의 퇴화를 생각하지만 그건 대단한 오해다. 나쁜 자세와 운동 부족, 약한 근육이 원인인 경우가 더 많다. 그중 복근의 약화는 요통의 주요 원인이 된다.

퇴화와 통증의 관계는 생각보다 적다

허리가 아파서 병원에 가면 바로 엑스레이를 찍는 경우가 많다.

이때 의사는 '인대나 힘줄이 파열되거나 늘어났다'는 소견을 주로 내놓는다. 증상이 더 심한 사람에게는 허리디스크, 척추관협착증, 척추전방전위증 등의 병명을 말하기도 한다.

그런데 척추의 구조물들이 퇴화하거나 손상되는 것과 통증의 직접적인 관계는 생각보다 낮다. 최근 발표된 연구에 의하면, 엑스레이나 MRI 같은 영상의학적 촬영 결과와 통증이 직접적인 관계가 있는 경우는 15.5%에 불과하다. 엑스레이상 척추협착이 보인다고 해서 그 협착 때문에 통증이 생기는 것은 아니라는 얘기다.

통증의 원인은 약해진 속근육

도대체 무엇이 허리를 이렇게 아프게 하는 걸까? 이에 관한 대규모 연구가 진행되었다. 결론은 속근육의 약화였다. 코어 근육, 즉 체간을 이루는 복부 근육과 복부 깊이 자리하고 있는 속근육이 약하기 때문에 요통이 발생한다는 것이다. 실제 허리가 아픈 사람들은 척추 가까이에 있는 근육 중 다열근과 복횡근 등 몸통의 깊은 층에 있는 심부 근육이 정상인보다 제대로 쓰이지 않는다고 한다.

이러한 연구 결과가 발표되면서 운동계에는 큰 유행이 일어났다. 헬스 트레이너, 필라테스 강사, 요가 강사 대부분이 속근육 강화에 집중하기 시작했다. 너 나 할 것 없이 속근육을 단련하는 사이 생각지도 못한 새로운 문제가 대두되었다. 지나치게 강화된 속근육은 오히려 허리 통증의 원인이 될 수 있다는 것이다.

속근육 강화하다 허리 통증 부추길 수 있다

허리가 아프니 허리와 가까운 부위의 근력을 회복하면 통증 완화에 도움이 되지 않을까? 이런 생각에는 함정이 있다.

속근육을 강화해 허리를 휘청휘청하지 않게 만들겠다는 단순한 생각과 달리, 허리를 단단하게 만드는 운동이 오히려 허리를 훨씬 더 아프게 할 수 있다. 물론 속근육을 강화하면 몸의 균형이 잡히고 바른 자세를 유지시켜 척추 질병을 예방하는 효과가 있다. 실제 속근육 강화 운동을 통해 통증이 줄어들었다고 말하는 사람도 있다. 하지만 속근육을 강화하는 것이 허리 통증을 낫게 해준다는 연구 결과는 아직 미미하다.

코어 근력 운동으로 속근육을 강화해 허리를 꽉 조이는 코르셋을 입은 듯한 상태가 되면 척추의 안정성을 높일 수 있을 것 같지만 정반대의 일이 벌어진다. 허리둘레를 단단한 근육으로 꽉 막아놓으면 허리가 부드럽게 돌아가지 않고 구부리거나 펴는 것도 잘 안 된다. 바로 이런 움직임 막힘 현상이 허리 통증으로 이어진다.

허리 통증은 두려움에서 시작된다

한번 허리를 다쳤던 사람은 허리를 움직일 때마다 공포감에 사로잡힌다. 바닥에 떨어진 물건을 주울 때도 자연스럽게 허리를 구부리지 못하고 뻣뻣하게 경직된 자세로 어색하게 움직인다. 허리를 다쳐서 고생한 적이 있어 행여 또 허리를 다치게 될까 봐 두렵기 때문이다. 양말을 신을 때도 신발을 신을 때도 최대한 허리를 곧게 세우려 애쓴다. 두려움 때문에 움직임 자체가 예전과 달라지는 것이다.

두려움이 허리를 과도하게 일하게 만든다

바닥에 있는 물건을 집거나 신발을 신을 때는 체간이 자연스럽게 구부려지고 허리의 근육이 부드럽게 늘어나야 한다. 이때 허리 근육은 일하는 것이 아니라 그냥 늘어나기만 하면 된다. 그렇다면 허리가 아픈 사람은 어떨까? 허리 근육이 경직된 상태에서 허리를 보호한다는 마음에 있는 대로 힘을 주고 움직이기 때문에 허리 근육이 일을 하게 된다. 이런 상태가 반복되면 허리에 쏠리는 부담이 가중되고 피로가 쌓인다. 허리를 아끼고 조심한다는 게 오히려 허리에 과도한 일을 시키는 결과를 초래하는 셈이다.

엑스레이 결과는 잊고 마음부터 릴랙스하라

피터 오설리반 박사의 연구에 따르면, 자신의 MRI 사진이나 엑스레이 사진을 보면서 의사와 한 번이라도 상담을 했던 사람은 무거운 물건을 들 때 갑자기 MRI 사진이 눈앞에 나타나 주저하게 된다고 한다. 다시 통증을 느끼게 될까 봐 두려워 순간적으로 온몸에 힘이 들어가는 것이다. 바로 여기서 통증이 시작된다. 허리 통증을 이기는 첫 번째 전략은 릴랙스, 즉 허리를 이완하는 것이다. 허리의 힘을 빼고 아무 걱정 없이 뛰어노는 어린아이처럼 움직여야 한다. 실제 허리를 제대로 구부려 물건을 들어 올리면 허리를 곧게 세우고 엉거주춤한 자세로 물건을 들어 올릴 때보다 허리 주위에 가해지는 부담이 반으로 줄어든다.

나이가 들수록 허리는 퇴화될 수밖에 없다. 그래도 인체는 움직일 수 있게 만들어져 있다. 엑스레이나 MRI 결과는 되도록 빨리 잊고 자신감을 갖고 바른 움직임을 회복해야 한다. 그래야 통증에서 벗어날 수 있다.

허리 건강
자가 진단법

허리는 펴고 구부리고 돌리는 동작을 수행하도록 설계되어 있다. 이 동작을 통증 없이 할 수 있어야 허리가 제 기능을 하고 있다고 볼 수 있다. 다음 3가지 동작을 통해 자신의 허리 근육의 움직임을 체크해보자.

허리 펴기

1. 양팔을 쭉 편 상태에서 앞으로 뻗어 귀 옆까지 천천히 들어 올린다.
2. 허리를 쭉 펴며 양팔을 천천히 뒤로 넘긴다.
3. 목과 팔의 위치를 유지하면서 5~7회 반복한다.

advice

목이 뒤로 넘어가거나
눈만 위로
치뜨고 있지 않은지
자세를 점검한다.

허리 구부리기

❶ 바르게 서서 양팔을 자연스럽게 몸 앞으로 늘어뜨린다.

❷ 상체를 앞으로 천천히 숙여 손가락으로 발등을 터치한다.

❸ 천천히 상체를 일으킨 후 5~7회 반복한다.

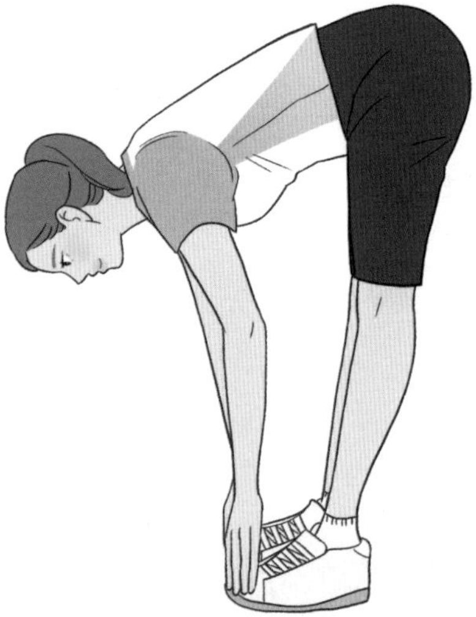

허리 뒤로 돌리기

1. 바른 자세로 서서 양팔을 자연스럽게 늘어뜨린다.
2. 뒤에서 누가 부를 때 돌아보는 것처럼 허리에 힘을 빼고 왼쪽으로 돌아본다.
3. 반대쪽도 같은 방법으로 돌아본다. 좌우 왕복 동작을 5~7회 반복한다.

advice

경추, 흉추, 요추가 함께 회전하는지 스스로 점검해본다. 특히 뒤로 돌았을 때 양쪽 어깨가 균형을 이루도록 신경 쓴다.

허리 움직임을 회복하는 운동

운동 효과

허리 근육의 긴장 완화

허리 근육의 유연성 증대

척추관절의 가동력 확대

허리를 움직일 수 있다는 자신감 확보

통증을 이겨내려면 운동신경을 활성화해야 한다. 허리를 다양한 방법으로 움직이는 운동은 허리 근육의 긴장을 풀어 유연하게 만들어준다. 근육의 힘을 키우는 것보다 근육의 운동 범위를 조절하는 능력을 키우는 데 초점을 두고 움직여보자.

허리 사방으로 움직이기

❶ 두 발을 어깨너비로 벌리고 서서 양손을 골반에 갖다 댄다.

❷ 허리를 좌우로 왔다 갔다 움직인다.

❸ 이번에는 허리를 앞뒤로 움직인다.

❹ 좌우 앞뒤로 움직이는 동작을 5~7회 반복한다.

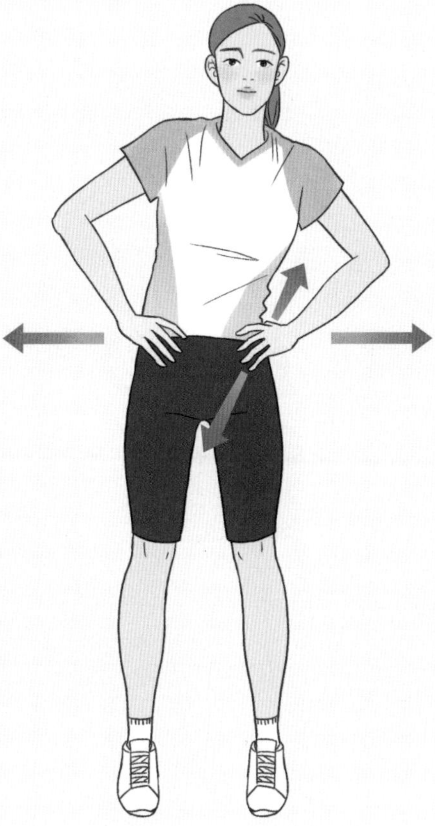

허리 돌리기

❶ 두 발을 어깨너비로 벌리고 서서 양손을 골반에 갖다 댄다.

❷ 오른쪽에서 왼쪽으로 허리를 360도 부드럽게 돌린다.

❸ 방향을 바꿔 같은 방법으로 허리를 돌린다.

❹ 양쪽 방향으로 번갈아가며 5~7회 반복한다.

안짱다리로 서서 허리 돌리기

❶ 양쪽 발끝을 몸 안쪽으로 향하게 해서 안짱다리로 선다.

❷ 양손을 골반에 갖다 댄 후 오른쪽에서 왼쪽으로 허리를 360도 부드럽게 돌린다.

❸ 방향을 바꿔 같은 방법으로 허리를 돌린다.

❹ 양쪽 방향으로 번갈아가며 5~7회 반복한다.

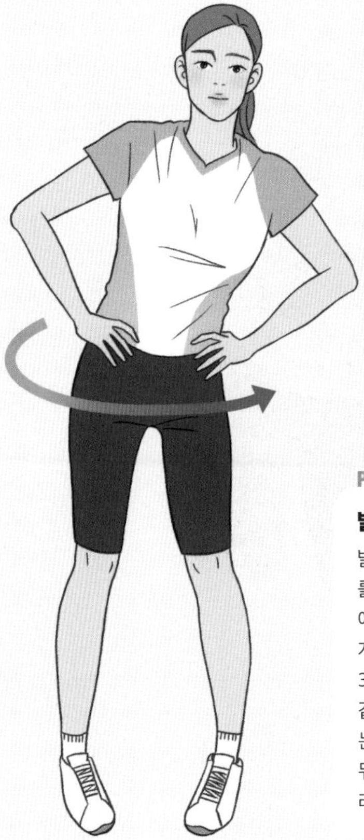

advice

바르게 서서 허리를 돌릴 때와는 다른 근육이 자극받는 것을 느껴본다.

PLUS EXERCISE

발 방향 바꿔가며 허리 돌리기

발의 방향을 다양하게 바꿔가며 허리를 부드럽게 돌려본다. 바르게 선 상태에서 두 발의 발끝을 오른쪽으로 향하게 한 뒤 오른쪽에서 왼쪽으로 허리를 360도 부드럽게 돌린다. 방향을 바꿔 같은 방법으로 허리를 돌린다. 이번에는 두 발의 발끝을 왼쪽으로 향하게 한 뒤 허리를 돌려본다. 이때 무릎이 구부러지지 않게 주의하며 허리를 돌린다.

런지 자세로 허리 돌리기

❶ 바른 자세로 서서 왼발을 앞으로 내밀어 런지 자세를 취한다.

❷ 양손은 가슴 앞에서 교차해 어깨 위에 가볍게 얹는다.

❸ 오른쪽에서 왼쪽으로 허리를 360도 천천히 돌린다. 5~7회 반복한다.

❹ 방향을 바꿔 같은 방법으로 5~7회 허리를 돌린다.

❺ 발을 바꿔 같은 방법으로 실시한다.

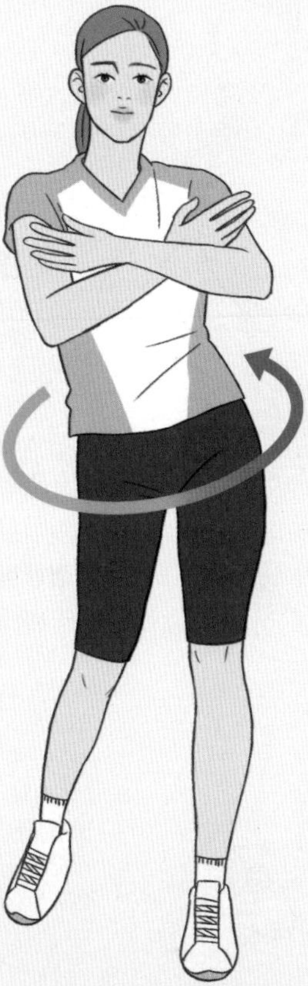

앉았다 꼬리뼈부터 일어나기

❶ 의자를 뒤에 두고 바른 자세로 선다.

❷ 양손은 가슴 앞에서 교차해 어깨 위에 가볍게 얹는다.

❸ 스쿼트 동작처럼 무릎을 구부리며 앉다가 엉덩이가 의자에 닿으면 바로 일어선다.

❹ 꼬리뼈에 집중하며 5~7회 반복한다.

advice

허리의 힘은 최대한 빼고 무릎을 이용해 앉았다 일어난다.

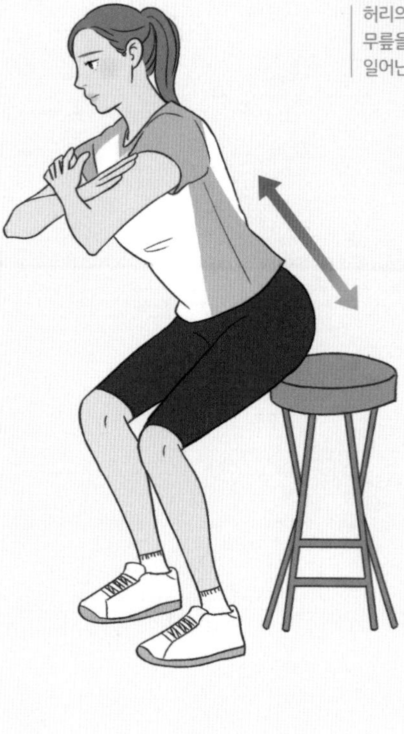

신체 부위별 운동 4

등

Back

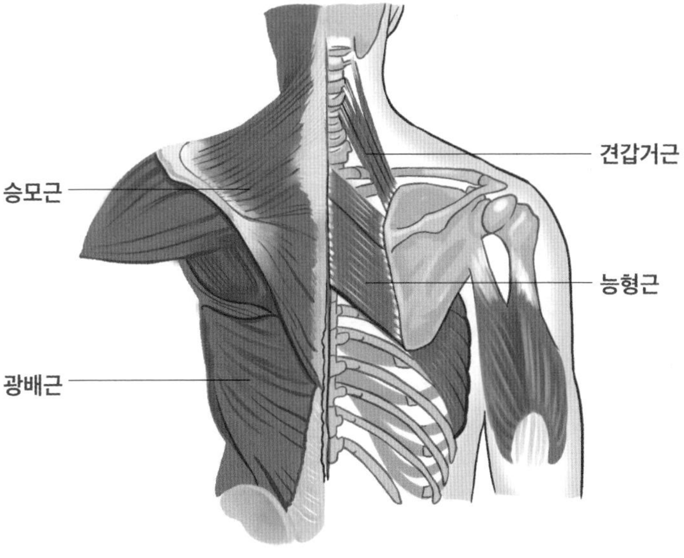

견갑거근
승모근
능형근
광배근

등 통증은 왜 생길까?

무릎과 팔꿈치 부위의 관절이나 근육은 사용량이 많아 잘못 움직이거나 과도하게 사용하면 통증을 느끼는 경우가 많다. 그렇다면 등은 적극적으로 사용하는 부위가 아닌데도 왜 통증이 발생할까? 등 통증은 등 자체의 문제라기보다 목, 어깨 등 인근의 다른 관절이나 근육과 연관되어 나타날 때가 많다.

자세가 나쁘다

무언가에 집중하다 보면 자기도 모르게 몸이 앞으로 기울어진다. 장시간 운전을 하거나 컴퓨터를 오랫동안 사용할 때처럼 말이다. 이는 중력의 자연스러운 작용이기도 하다. 처음에는 바른 자세를 유지하기 위해 노력하지만 시간이 지나면서 근육이 긴장하고 인대가 늘어나면 몸이 점점 앞으로 기울어진다. 이 상태가 지속되면 어떻게 될까? 등이 구부정해지고 통증으로 진행된다.

좋은 자세를 유지하는 것만으로도 등 통증에서 벗어날 수 있다. 바른 자세를 유지하려면 자세유지근(코어 근육)에 힘이 있어야 한다. '심부 근육'이라고도 부르는 자세유지근이 약해지면 관절이 불안정해지면서 몸의 불균형을 유발하기 때문이다. 등에서 가장 중요한 기능을 하는 자세유지근은 능형근이다. 승모근 하단과 능형근이 날개뼈를 감싸고 있는데, 나쁜 자세를 장시간 유지하면 이 근육들이 늘어나서 통증이 발생한다.

굳어 있는 근막을 풀어주고 근육의 기능을 되살린 뒤에는 근육에 힘을 부여하는 과정이 필요하다. 오랫동안 경직되거나 늘어나 있는 근육들은 이미 약해진 상태라고 할 수 있다. 통증에서 벗어나기 위해서는 자세유지근의 힘을 확보해야 한다.

등 통증에서 벗어나려면 마음 근육도 튼튼해야 한다. 자세유지근을 만드는 중요한 포인트 중 하나는 바른 정신과 자신감이다. '나는 사랑받기에 합당한 사람이야', '난 잘할 수 있어'라는 생각을 갖고 거울 앞에 서면 저절로 등 근육이 펴지는 효과가 있다. 이렇듯 마음 근육을 단련하는 것은 물리적인 운동보다 더 큰 효과를 발휘하기도 한다.

목관절이 안 좋다

목과 등의 근육은 서로 연결되어 있다. 그 말은 목의 관절 상태가 등에 직접적인 영향을 미친다는 얘기다. 목관절이 안 좋으면 등의 보상작용으로 인해 근육이 긴장해 통증이 발생한다.

흉추가 굽어 있다

기능해부학적으로 등은 완전히 펴져 있지 않고 살짝 굽어 있다. 흉추(등뼈)는 후만 즉, 뒤쪽으로 구부러져 있고 요추(허리등뼈)는 앞쪽으로 구부러져 있다. 그런데 흉추가 너무 많이 후만 될 때 문제가 생긴다. 목과 연결된 흉추가 과도하게 구부정해지면 그 영향을 받아 목도 구부정해진다. 흔히 말하는 거북목 자세가 된다. 거북목 자세에서는 경추 뒤의 척추 사이 관절인 후관절이 자극을 받아 염증을 일으키고 신경을 자극할 수 있다. 목 뒤의 근육들이 단축되어 신경을 자극해 두통도 유발한다.

흉추의 과후만을 야기하는 요인에는 여러 가지 이유가 있겠지만, 그중 스트레스가 큰 영향을 미치기도 한다. 스트레스가 많은 사람은 만성적인 등 통증으로 고생할 가능성이 크다.

호흡기, 소화기와 관련된 등 통증

등 통증을 유발하는 중요한 원인 중 하나로 호흡기와 소화기의 문제를 꼽을 수 있다. 얼핏 생각하면 호흡기나 소화기는 체간의 앞쪽과 가까워 등과는 거리가 먼 것 같지만, 실제 많은 등 통증이 호흡이나 소화기관의 문제로 인해 발생한다.

어깨 근육으로 하는 다급한 호흡

건강한 성인은 1분에 10~12회 호흡한다. 스트레스를 받으면 호흡이 빨라지는데, 이를 '단기 호흡'이라고 한다. 호흡이 빨라지면 횡격막을 이용해 깊게 숨을 쉬는 것이 아니라 어깨 위주의 근육을 사용하기 때문에 등에 통증이 유발된다.

코로나19 발생으로 어쩔 수 없이 마스크를 쓴 채 이야기할 기회가 많아지는데 이때도 호흡이 빨라지면서 어깨와 등 근육이 경직될 수 있다. 이를 방지하려면 항상 호흡에 신경을 쓰는 것이 좋다.

복부를 이용한 호흡을 되살려라

호흡을 편안하게 하려면 배꼽 부위까지 숨을 충분히 들이마셨다가 몸속의 공기를 완전히 내뱉는다는 느낌으로 최대한 길게 내쉬어야 한다. 숨을 들이마실 때 명치가 앞으로 미세하게 밀리는 호흡이 좋은 호흡이다. 이때 어깨가 위로 올라가선 안 된다. 어깨가 올라가면 목과 허리 위쪽 등에 통증이 발생할 수 있다.

들이마시는 호흡과 내쉬는 호흡에 따라 흉곽이 늘어났다 줄어드는 호흡을 10~12회 연속해서 할 수 있어야 한다. 흉곽이 늘어난다는 것은 그만큼 폐가 움직인다는 뜻이다. 흉곽이 늘어나지 않으면 호흡을 할 때 등 근육을 사용하게 되어 통증이 발생할 가능성이 높다.

소화기질환으로 생기는 등 통증

내부 장기에 이상이 생기면 근육통이 발생하기도 한다. 이를 '연관 통증'이라고 한다. 체내 깊은 곳에 위치한 기관에서 시작된 통증이 멀리 떨어져 있는 부위에서 느껴지는 것으로, 동일한 척추 신경의 지배를 받기 때문에 나타나는 현상이다.

소화기관의 건강 상태가 좋지 않으면 등 통증으로도 발현될 수 있다. 소화 기능이 안 좋은 사람, 즉 위나 췌장이 안 좋은 사람은 복부 왼쪽 부위에 통증을 느낀다. 이런 소화기관의 문제는 복부뿐 아니라 등 쪽으로도 연관 통증이 발생할 수 있다. 등에 통증이 생겼다면 통증 지점을 세심하게 살필 필요가 있다.

등 건강 자가 진단법

흉추의 회전 가동성과 유연성을 점검하는 동작이다. 이를 통해 등의 건강 상태를 확인할 수 있다. 이 동작을 반복적으로 실시하면 경직된 등 근육이 이완되고 몸이 한결 유연해진다.

의자에 앉아 흉추 돌리기

1. 허리를 펴고 의자에 바르게 앉는다.
2. 양손을 머리 뒤에 갖다 댄 후 호흡을 내뱉으며 상체를 왼쪽으로 돌린다.
3. 천천히 시작 자세로 돌아와 오른쪽으로 상체를 돌린다.
4. 좌우 왕복 동작을 5~7회 반복한다.

NG!

상체를 돌릴 때 양팔의 간격이 좁아지지 않도록 주의한다. 팔이 안으로 접히는 사람은 그만큼 등이 굽은 것이다. 양팔이 머리 뒤에서 일자를 유지하도록 신경 쓰며 스트레칭해보자. 무리해서 회전하지 말고 팔 자세를 유지할 수 있는 선에서 최대한 돌려본다.

흉추 돌려서 옆구리 늘이기

❶ 허리를 펴고 의자에 바르게 앉는다.

❷ 양손을 머리 뒤에 갖다 댄 후 호흡을 내뱉으며 상체를 왼쪽으로 돌린다.

3 그 상태에서 양팔의 간격이 좁아지지 않도록 주의하며 옆으로 기울인다.

4 천천히 시작 자세로 돌아와 반대쪽도 같은 방법으로 실시한다.

5 좌우 왕복 동작을 5~7회 반복한다.

advice

상체를 기울인 반대쪽 옆구리와 등에 오는 자극을 느끼며 천천히 스트레칭한다.

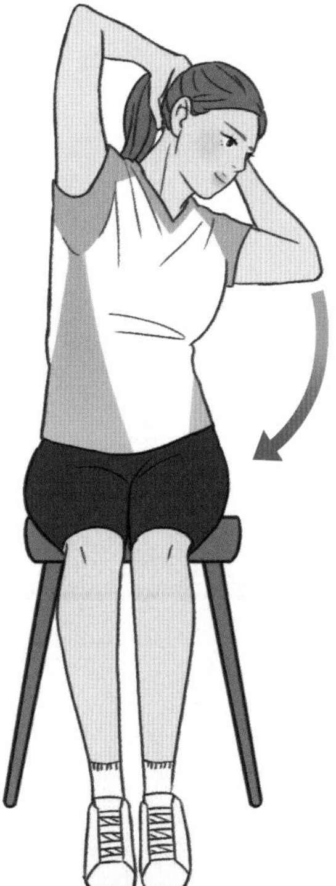

굽은 등 펴는 운동

운동 효과

근막 유연성 신장

굽은 등 교정

어깨와 등의 통증 완화

등 근육이 굽어 있는 상태에서 근막이 경직되면 긴장감이 높아져 통증이 올 수 있다. 시간이 날 때마다 수시로 등 펴는 동작을 해보자. 굳어 있는 등 중앙을 이완시키면 구부정한 등이 펴지고 근막의 유연성이 향상된다.

의자에 팔꿈치 대고 등 끌어내리기

❶ 의자 앞에 무릎을 대고 앉는다. 이때 무릎이 아프면 무릎 아래 얇은 쿠션을 댄다.

❷ 양쪽 팔꿈치를 어깨너비보다 조금 넓게 의자에 대고 상체를 숙인다.

❸ 고개를 자연스럽게 숙이며 등을 아래로 쭉 끌어내린다. 이때 호흡은 깊게 내쉰다.

❹ 5~7회 반복한다.

advice

무리해서 많이 움직이지 않아도 된다. 2~3cm만 움직여도 등 주변에 있는 운동신경이 활성화되어 운동 효과를 볼 수 있다. 하체는 되도록 움직이지 않고 등만 살짝살짝 움직이는 느낌으로 스트레칭한다.

아기자세 후 상체 세우기

❶ 양손과 양 무릎을 바닥에 대고 네발 자세를 취한 뒤 양손을 조금 앞쪽으로 내짚는다.

❷ 엉덩이를 뒤꿈치 쪽으로 당겨 내리며 등을 쭉 편다.

③ 상체를 일으켜 앞으로 쭉 밀어내며 허벅지와 골반을 바닥에 댄다.

④ 부드럽게 연결 동작으로 5~7회 반복한다.

advice

팔꿈치가 굽어지지 않게 팔을 쭉 편다.
어깨가 솟아오르지 않도록 주의하며
날개뼈 주위가 시원해지는 것을 느껴본다.
호흡은 동작을 크게 할 때 내뱉는다.

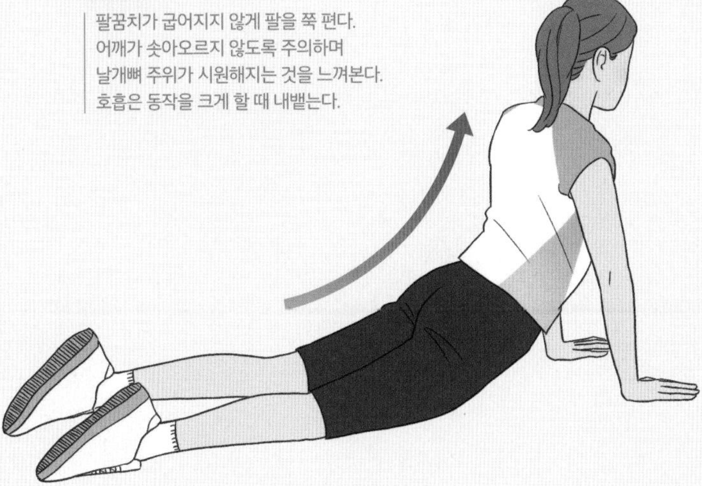

흉추의 움직임을 되살리는 운동

운동 효과

흉추 회전 기능 강화

흉추의 가동 범위 확대

등 통증 완화

흉추는 회전하는 관절이다. 그 기능을 사용하지 않으면 즉, 돌리는 동작을 하지 않으면 회전 기능이 점점 퇴화된다. 등을 펴고 적극적으로 회전시켜 본래의 기능을 되살려보자.

네발 자세로 엎드려 바닥에 어깨 대기

1. 양손과 양 무릎을 바닥에 댄 상태에서 오른손을 어깨 높이로 들어 올린다. 시선은 오른손을 바라본다.
2. 상체를 회전하며 오른팔을 왼팔 아래로 쭉 뻗는다.
3. 5~7회 반복한 후 반대쪽도 같은 방법으로 실시한다.

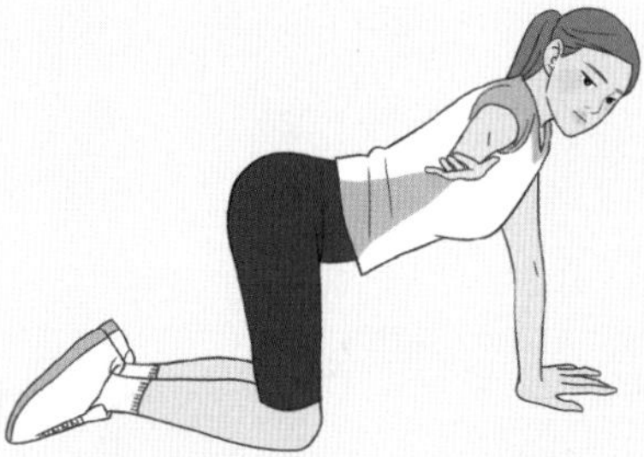

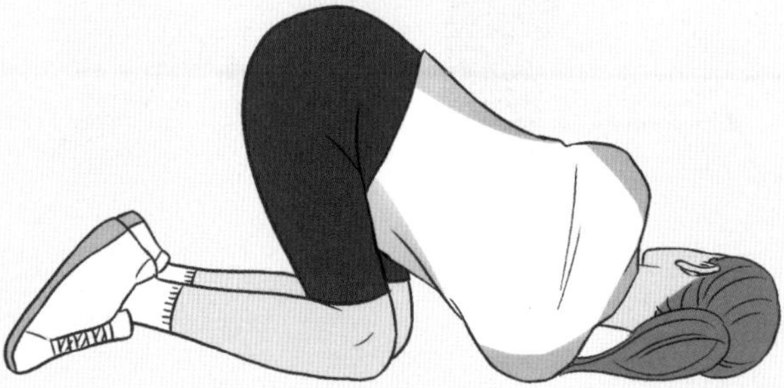

손 머리에 대고 흉추 돌리기

❶ 양손과 양 무릎을 바닥에 댄 상태에서 오른손을 들어 머리 뒤에 가볍게 댄다.

❷ 구부린 오른쪽 팔꿈치가 왼팔을 향하도록 상체를 회전한다.

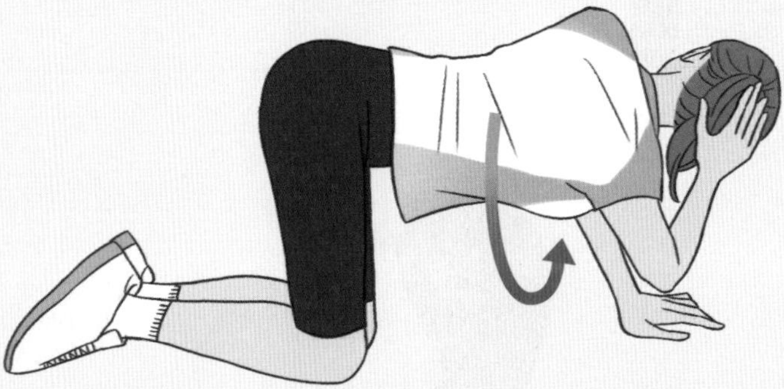

③ 구부린 오른쪽 팔꿈치가 천장을 향하도록 상체를 반대로 회전한다.

④ 부드럽게 연결 동작으로 5~7회 반복한 후 반대쪽도 같은 방법으로 실시한다.

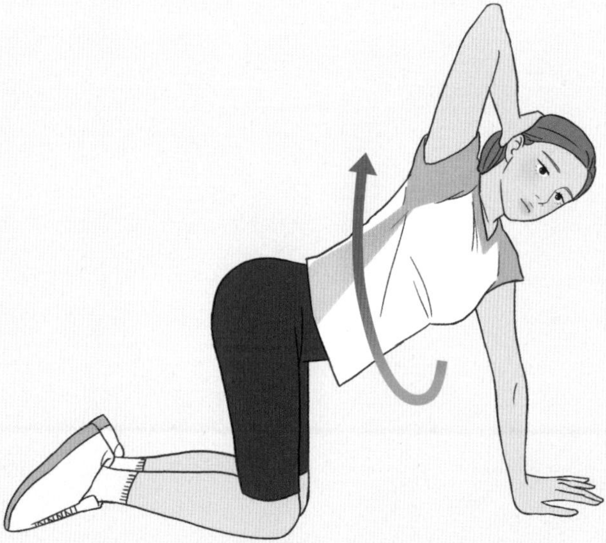

등 근육 강화 운동

운동 효과

등 근육 유연성 강화

어깨와 등 결림 완화

등 근육 긴장 해소

등 근육의 경직을 풀었다면 이제 자세유지근에 힘을 불어넣을 차례다. 갈비뼈 뒤쪽 흉곽에서 견갑골의 움직임을 유도하면 능형근과 승모근 아래쪽이 부드러워지면서 등에 힘이 생긴다.

서서 등 근육 모으기

❶ 바른 자세로 선 뒤 양팔을 몸 앞에서 직각으로 접는다. 이때 손바닥은 위로 향하게 한다.

❷ 어깨와 팔의 각도를 그대로 유지하며 양손을 등 쪽으로 둥글게 벌린다.

❸ 양손의 수평을 유지하며 5~7회 반복한다.

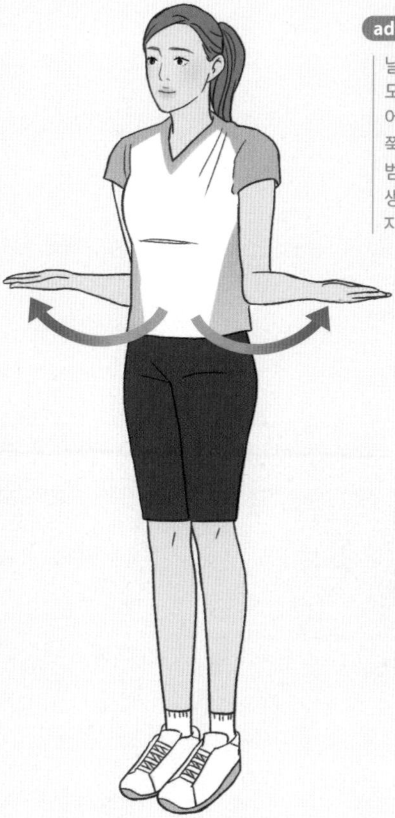

advice

날개뼈가 움직이며 등 근육이 모아지는 것을 느껴본다. 등과 어깨가 둥글게 말리지 않도록 쭉 편 상태를 유지하며 가능한 범위에서 동작을 한다. 생수병이나 탄력밴드를 이용하면 자극을 더 강화할 수 있다.

신체 부위별 운동 5

고관절

Coxa

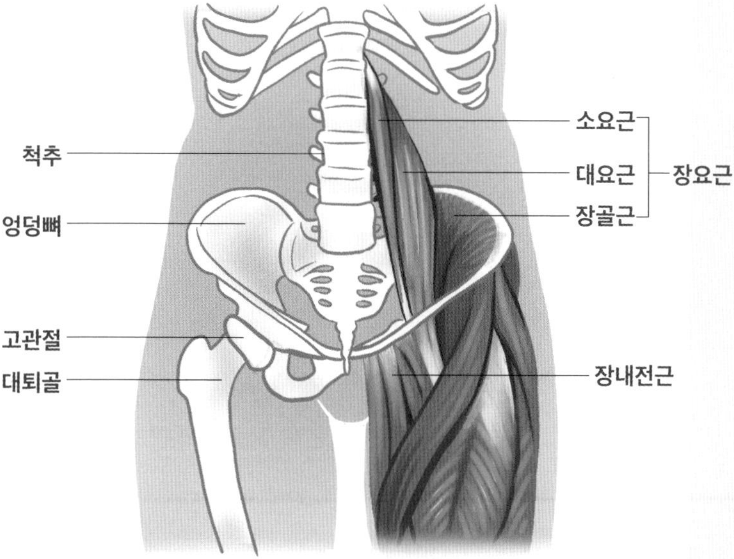
소요근
척추
대요근
장요근
장골근
엉덩뼈
고관절
대퇴골
장내전근

고관절에 통증이 나타나는 이유

고관절은 인체에서 가장 크고 긴 대퇴골과 골반뼈를 잇는 관절로, '엉덩관절'이라고도 부른다. 척추와 더불어 인체를 지탱해주는 몸의 기둥과 같은 역할을 한다. 걷기와 달리기를 할 때 가장 중요한 기능을 하기 때문에 고관절에 문제가 생기면 일상생활이 크게 불편해진다. 달릴 때, 차에 타고 내릴 때, 자세를 바꿀 때 사타구니 부위나 엉덩이, 허벅지에 강한 통증이 1~2주 이상 지속된다면 고관절 질환을 의심해봐야 한다.

인대로 둘러싸인 안정성 높은 관절

고관절은 관절 중에서 가장 견고한 모양새를 하고 있다. 골반뼈가 대퇴골의 머리를 붙잡고 있는 형태로 이루어져 있기 때문이다. 관절 주변에는 장골대퇴인대, 치골대퇴인대, 좌골대퇴인대 등 인대가 넓게 겹겹이 분포해 있어 안정성도 매우 높다. 구조적인 면에서 어깨관절과 비슷한 형태를 띠고 있지만, 어깨관절에서 탈구가 심심치 않게 벌어지는 것과는 매우 대조적이다.

이뿐만이 아니다. 고관절의 인대 바깥쪽엔 큰 근육들이 집중적으로 분포해 있다. 장요근, 장내전근, 엉덩이 근육 등이 고관절을 감싸고 있어 안정적이다. 그런데도 왜 고관절에 통증이 나타날까? 확실한 건 고관절 통증은 관절의 안정성 문제가 아니다. 약해진 근육, 잘못된 자세, 노화 그리고 가동성 문제가 원인으로 작용한다.

앉아 있는 시간에 비례해 경직된다

장시간 앉아 있으면 고관절이 경직된다. 고관절을 둘러싸고 있는 크고 두꺼운 근육들이 뻣뻣하게 굳어 고관절을 받쳐주지 못하기 때문이다. 주변 근육의 유연성이 떨어지면서 고관절의 가동 범위가 좁아지고 통증이 생긴다. 의자에 앉을 때 다리를 꼬는 사람들이 많은데, 이 자세도 피하는 것이 좋다. 고관절이 과도하게 굴곡되어 안으로 모이면서 연골 손상을 부를 수 있다.

의자에 오래 앉아 있으면 장요근의 길이가 조금씩 짧아진다. 장요근은 골반 앞을 지나 허벅지로 이어지는 근육으로, 고관절의 움직임에 관여한다. 허리를 굽히거나 다리를 들어 올리는 역할을 하는 장요근이 짧아지면 좌우 균형이 무너지면서 자세가 틀어질 수 있다. 상체가 구부정해지고 엉덩이가 뒤로 빠지면서 허리나 서혜부에 통증이 발생하고, 허벅지 앞쪽에 저린 증상도 나타난다.

말라가는 근막이 문제다

피부 아래에는 근육을 둘러싸고 있는 근막이 자리하고 있다. 근막은 근육이 수축하거나 이완할 때 부드럽게 움직일 수 있도록 돕는 역할을 한다. 그런데 의자에 오래 앉아 있으면 고관절 주변 근막의 수분이 빠져나가면서 뻣뻣해진다. 근막이 뻣뻣해진 상태로 굳으면 통증이 나타난다. 고관절에 뻣뻣한 느낌, 저린 느낌, 찌르는 듯한 통증 등이 있다고 호소하는 사람들을 보면 대부분 이 경우다. 근육이나 근막 또는 신경이나 혈관 같은 연조직이 굳어서 통증을 느끼는 것이다.

노화된 인대와 근육

의자에 오래 앉아 있거나 한 자세를 오랫동안 유지하다 움직이면 고관절 앞이나 옆, 뒤쪽으로 찝히는 듯한 통증이 나타난다. 저린 느끼의 통증도 고관절에서 흔히 볼 수 있다. 이런 증상은 중년기 이후 여성에게서 자주 나타나는데, 이는 노화가 진행되면서 인대가 마르거나 근육 소실이 진행되어 발생하는 것으로 보고 있다.

고관절 뒤에는 엉덩이 근육이라는 큰 근육이 위치해 있다. 그런데 나이가 들면서 노화가 진행되면 엉덩이 근육이 약해진다. 엉덩이가 가죽만 남아 아래로 축 처지면 고관절은 물론 허리와 무릎 통증으로도 이어진다.

고관절은 혼자 움직이지 않는다

고관절은 혼자 일하지 않는다. 고관절 주변의 근육들이 고관절만 독립적으로 둘러싸서 움직이는 것이 아니라 복부에서부터 내려오는 근육뿐만 아니라 다른 관절들과 연결되어 있기 때문이다.

복근이 약하면 고관절이 고생한다

장요근의 위치를 살펴보자. 척추에 붙어서 고관절로 들어온다. 그 외에 대부분의 복근은 갈비뼈에서 시작돼 골반뼈로 연결된다. 고관절은 골반과 연결되어 있기 때문에 상위 근육들에 의해 영향을 받는다. 따라서 복부 근육이 약한 사람들은 고관절 근육이 뻣뻣할 수밖에 없다. 복근을 써야 하는 순간 복근의 힘이 약하면 고관절이 그 일을 대신하게 된다. 잠자리에서 일어날 때도, 물건을 들어 올릴 때도 허약한 복근 때문에 고관절이 희생하게 된다.

허리와 무릎까지 함께 움직인다

고관절과 무릎을 동시에 구부려보면 고관절의 건강 상태를 쉽게 확인할 수 있다. 건강한 고관절과 무릎은 수직의 축을 유지하며 구부러졌다 펴진다. 즉 앞에서 봤을 때 상체, 고관절, 무릎이 구부릴 때도 펴질 때도 일자의 모습이다. 하지만 고관절에 이상이 있는 경우 무릎을 구부리면 축이 흔들리며 몸 안쪽으로 무릎이 들어간다.

이 같은 움직임은 통증으로 이어진다. 뻣뻣한 고관절이 허리와 무릎 통증을 함께 불러온다. 따라서 고관절의 가동 범위를 넓히고 골반의 움직임을 유연하게 해주는 운동을 통해 장요근의 힘을 키우고 고관절의 움직임을 회복해야 한다.

고관절 건강 자가 진단법

고관절의 운동 능력을 점검해보자. 건강한 고관절은 구부리고 펴고 회전하는 동작이 자유롭게 된다. 개인의 건강 상태에 따라 동작의 크기가 다를 수 있으므로 무리가 되지 않는 범위 내에서 진행한다.

누워서 다리 수직으로 들기

1. 바닥에 등을 대고 반듯하게 눕는다.
2. 왼쪽 다리를 90도까지 들어 올렸다가 내린다.
3. 머리가 바닥에서 떨어지지 않게 주의하며 5~7회 반복한다.
4. 반대쪽도 같은 방법으로 실시한다.

advice

다리가 90도까지 올라가지 않거나 머리가 들리는 사람은 고관절 뒤쪽 근육이 경직된 상태다.

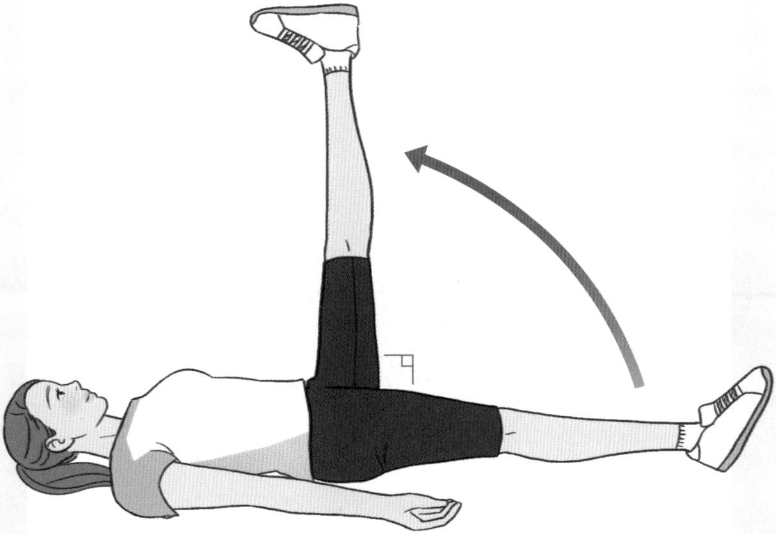

누워서 다리 4자 만들기

❶ 바닥에 등을 대고 반듯하게 눕는다.

❷ 오른쪽 다리를 들어 무릎을 굽힌 후 오른쪽 발목을 왼쪽 무릎 위에 올린다. 다리가 4자 모양이 되도록 굽힌 무릎이 자연스럽게 바닥을 향해 떨어져야 한다.

❸ 20초간 유지한 후 반대쪽도 같은 방법으로 실시한다.

advice

고관절을 바깥쪽으로 벌린 동작이다. 고관절이 경직된 사람들은 무릎이 위로 들린다. 이 동작을 할 때 반대쪽 골반이 들리지 않도록 주의한다.

무릎 구부려 V자 만들기

1. 바닥에 배를 대고 엎드린 후 다리를 붙인다.
2. 양팔은 팔꿈치를 접어 얼굴 앞쪽에 놓는다.
3. 양쪽 무릎을 90도로 굽혀 다리를 위로 들어 올린다.
4. 양쪽 무릎은 붙인 상태에서 다리를 벌려 V자를 만든다.
5. 가능한 만큼 V자 각을 더 크게 벌려본다. 5~7회 반복한다.

advice

- V자의 좌우 대칭이 안 되는 사람은 양쪽 다리의 길이가 차이가 난다는 뜻이다. 짝다리 짚기 등의 습관이 골반을 틀어지게 만든 경우 이런 결과가 나온다.
- V자의 각이 작은 사람은 고관절의 안쪽 회전이 안 되는 경우다.

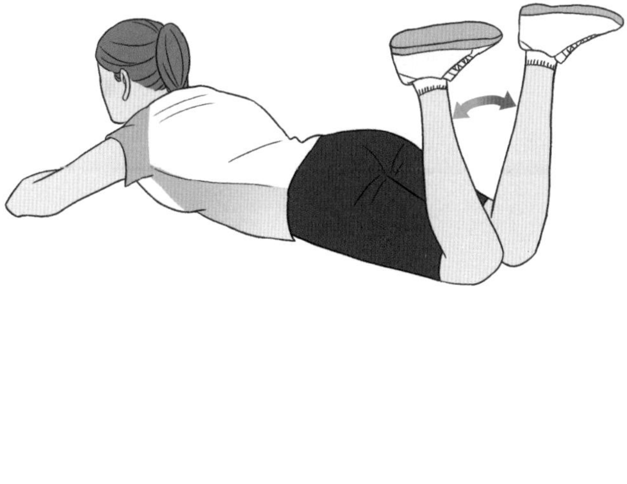

고관절 경직 푸는 운동

운동 효과

고관절 유연성 향상

골반과 고관절 안정화

뻣뻣하게 경직된 고관절을 풀어보자. 스트레칭은 정적으로 멈춰 있는 동작보다 작은 움직임이라도 있는 동적인 스트레칭이 운동신경을 자극해 유연성 신장에 도움이 된다.

두 다리 좌우로 넘기기

1. 바닥에 앉아 양쪽 무릎을 살짝 구부린다.
2. 두 발은 골반 너비로 벌리고 두 손은 등 뒤쪽 바닥을 짚는다.
3. 두 다리를 동시에 왼쪽으로 눕히듯 기울여 바닥에 댄다.
4. 연이어 두 다리를 오른쪽으로 기울인다.
5. 왕복 동작으로 5~7회 반복한다.

한쪽 무릎 세우고 앉아 앞으로 밀기

❶ 양쪽 무릎을 바닥에 대고 상체를 세운 상태에서 오른쪽 무릎을 세운다.

❷ 양손은 오른쪽 무릎 위에 올려 가볍게 포갠다.

❸ 오른쪽 무릎을 살짝 앞으로 밀면서 왼쪽 고관절이 늘어나는 것을 느껴 본다. 이때 세운 무릎이 흔들리지 않도록 중심을 잘 잡는다.

❹ 10~12회 반복한 후 반대쪽도 같은 방법으로 실시한다.

advice

· 무릎을 너무 많이 밀면 오히려 관절이 약해지고 손상을 입을 수 있으므로 주의한다.
· 무릎을 밀면서 허리가 뒤로 휘지 않도록 신경 쓴다. 고관절 앞쪽을 이완하는 데 집중해야 한다.
· 무릎이 안 좋거나 아픈 경우 무릎 아래에 수건이나 매트를 대고 실시한다.

한쪽 무릎 앞으로 밀면서 상체 돌리기

❶ 양쪽 무릎을 바닥에 대고 상체를 세운 상태에서 오른쪽 무릎을 세운다.

❷ 오른손은 오른쪽 무릎 위에 올리고 왼손은 머리 뒤에 갖다 댄다.

❸ 오른쪽 무릎을 앞으로 미는 동시에 상체를 왼쪽으로 틀면서 오른쪽으로 기울인다.

❹ 시작 자세로 돌아왔다 기울이는 동작을 5~7회 반복한다.

❺ 반대쪽도 같은 방법으로 실시한다.

고관절
근육 강화 운동

운동 효과

고관절 근육 강화

고관절 통증 경감

골반과 고관절 유연성 향상

경직된 고관절 근육을 풀었다면 이제 약해져 있는 근력을 강화해보자. 다리를 들어 올리는 운동은 고관절의 굴곡과 가동 범위를 늘리는 데 도움이 된다. 골반과 엉덩이 근육을 유연하게 만드는 데도 효과적이다.

다리 뻗고 앉아 한 발 들어 올리기

❶ 바닥에 앉아 두 다리를 길게 뻗는다.
❷ 허리는 곧게 펴고 양손은 가슴 앞에서 교차해 가슴 위에 가볍게 얹는다.
❸ 왼쪽 다리를 천천히 위로 들어 올린다.
❹ 무릎이 구부러지지 않게 주의하면서 오른쪽 발끝보다 높게 올린다.
❺ 5~7회 반복한 후 반대쪽도 같은 방법으로 실시한다.

advice

· 처음에는 발이 많이 올라가지 않더라도 지속해서 하다 보면 근력이 길러져 조금씩 더 올라가게 된다.
· 동작을 하기 힘들면 벽에 등을 대고 시도해본다.

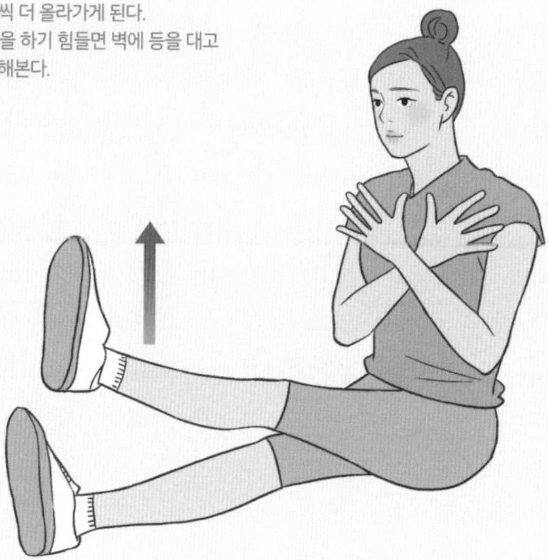

옆으로 누워 다리 들어 올리기

❶ 옆으로 누운 뒤 오른쪽 팔꿈치를 바닥에 대고 상체를 세운다. 왼손은 몸 앞에 놓는다.

❷ 오른쪽 무릎을 90도로 굽힌다.

③ 왼쪽 다리를 위로 높게 들어 올린다. 이때 무릎은 곧게 편다.

④ 호흡과 함께 천천히 5~7회 반복한다.

⑤ 방향을 바꿔 반대쪽도 같은 방법으로 실시한다.

advice

자신의 가동 범위를 넘어서
무리하게 다리를 들지 않는다.
오히려 근육에 손상을 줄 수 있다.

신체 부위별 운동 6

무릎

Knee

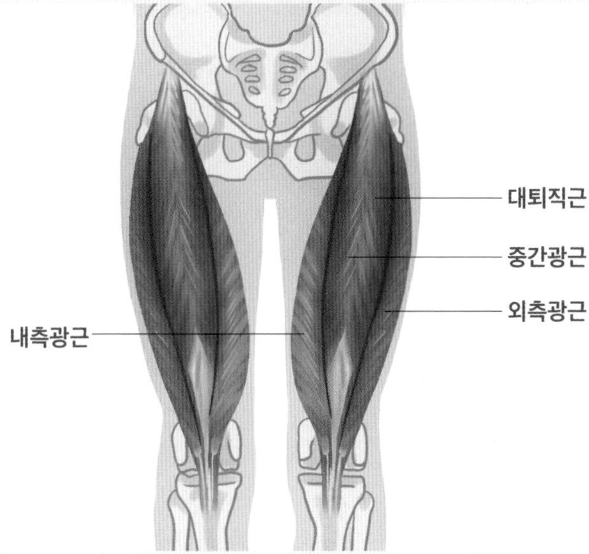
대퇴직근
중간광근
외측광근
내측광근

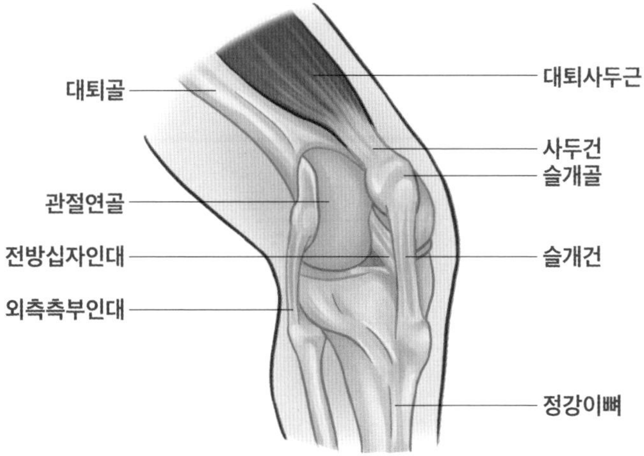
대퇴골
대퇴사두근
사두건
슬개골
관절연골
전방십자인대
슬개건
외측측부인대
정강이뼈

인대 의존도가 높은 불안정한 관절

인구의 약 40%가 계단을 올라가거나 내려갈 때 무릎 통증을 경험한다. 운동을 하다 삐끗한 뒤 낫지 않는 경우도 있고, 인대 파열 등으로 수술을 받았는데 좀처럼 좋아지지 않아 오랫동안 고생하는 사람도 있다.

그 어떤 관절보다 인대 의존도가 높다

무릎관절은 다른 관절보다 안정도가 낮다. 관절을 감싸고 있는 근육의 두께가 고관절이나 어깨관절보다 얇고 관절의 결합도가 낮기 때문이다. 그래서 상대적으로 인대 의존도가 매우 높다. 무릎에는 우리가 흔히 들어본 십자인대를 포함해 앞뒤 양옆에 총 4개의 인대가 자리하고 있다. 이 인대들은 무릎관절이 안정적으로 움직일 수 있도록 도와주는 역할을 한다. 달리다가 갑자기 멈출 때, 방향을 바꿔서 움직일 때, 또는 계단을 내려갈 때 정강이뼈가 앞으로 밀리지 않도록 지지해주는 것도 인대가 하는 일이다.

부상을 입거나 인대가 손상되면 회복이 어렵다

무릎관절은 안정도가 낮은 반면 운동량은 많다. 그러다 보니 부하가 걸리면 불안감을 느끼게 된다. 심할 경우 인대가 찢어지거나 끊어져 통증이 유발된다. 한번 부상을 입으면 치료가 어렵고, 나이가 들어 인대가 손상되면 회복이 상당히 힘들다. 무릎관절의 수명은 통상 70세 정도로 보는데, 사용량에 비례해 인대가 손상되기 때문에 중년기 이전에도 무릎 통증으로 고생하는 사람이 많다. 평소 아껴 사용하는 습관을 길러야 하는 이유다. 인대 손상을 예방하려면 허벅지 근육을 강화해 무릎의 불안정성을 보완해주는 것이 좋다. 특히 운동 전에 무릎 윗부분 근육인 대퇴사두근과 허벅지 뒤쪽 근육인 햄스트링을 스트레칭해주면 인대 손상을 막을 수 있다.

부상 없이 생활 속에서 발생하는 슬개대퇴통증증후군

무릎에 통증이 생기는 이유는 다양하다. 넘어지면서 받은 충격, 운동 부족, 노화 등이 대표적이다. 하지만 이런 원인이 없어도 무릎 통증이 찾아올 수 있다.

엑스레이나 MRI를 찍어보면 관절도 괜찮고 인대도 건재한데 많은 이들이 무릎 통증을 호소한다. 이런 사람들은 슬개대퇴통증증후군인 경우가 많다. 중년 이후 어깨에 충돌증후군이 생기는 것만큼이나 흔하게 나타난다. 무릎 통증을 호소하는 사람들의 20~30%가 슬개대퇴통증증후군이라는 진단을 받는다.

부상 없이 찾아오는 슬개대퇴통증증후군

무릎 주변에는 우리 몸에서 가장 큰 근육인 대퇴사두근과 슬개건이 자리하고 있다. 이 근육과 힘줄은 무릎을 지탱하고 운동을 지원하는 기능을 한다. 통증은 주로 슬개건 쪽에서 발생한다. 계단을 올라갈 때는 주로 슬개골 위에서 통증이 발생하고, 계단을 내려올 때는 슬개골 아래쪽에서 통증이 찾아온다. 연골이 약해져 관절을 지탱하는 힘이 부족하면 관절의 정렬이 나빠지면서 인대에 가해지는 힘이 커져 통증이 나타난다.

구부리는 동작이 무릎 통증을 만든다

해부학적인 구조물의 파열이나 손상이 없는데도 통증이 발생했다면 그건 대부분 잘못된 움직임이 원인이다. 특히 무릎을 반복적으로 굽히는 동작이 위험하다. 무리하게 무릎을 굽히면 무릎 주변의 연부조직에 염증이 생겨 통증이 발생한다. 무릎이 45도 이상 구부러진 상태에서 체중이 실리면 관절에 압력이 증가해 연골도 마모될 수 있다. 따라서 자전거 타기나 등산, 계단 오르기, 달리기 등은 가급적 피하는 것이 좋다.

요즘 집에서 혼자 많이 하는 스쿼트도 마찬가지다. 스쿼트는 대퇴사두근을 수축시키는 좋은 운동이지만 운동량이 갑자기 많아지면 무릎 통증을 유발할 수 있다. 무릎이 약한 사람은 본인에게 맞는 운동을 선택해 무리하지 않는 선에서 근력을 강화해야 한다.

잘못된 움직임 때문에 통증이 발생한다는 건 어쩌면 다행스러운 일이다. 치료를 받지 않아도 움직임을 교정하면 통증을 없앨 수 있기 때문이다. 부담을 주지 않는 작은 운동을 반복해 편안한 움직임을 회복하는 것은 무릎 건강에 있어 매우 중요하다.

무릎 통증은 남성보다 여성이 많다

무릎이 시큰거리는 통증은 주로 중장년층에서 흔하게 발생하는데, 그중 남성보다 여성에게서 많이 나타난다. 여성은 남성보다 골반이 넓고 고관절과 무릎관절의 기울기가 커서 슬개골에 가해지는 힘이 더 크기 때문이다. 구조적으로 여성의 관절이 남성보다 약한 것도 한몫한다. 나이가 들면서 여성호르몬의 불균형으로 인해 퇴행성 질환을 겪는 경우도 많다. 뼈의 신진대사를 촉진하는 에스트로겐이 폐경 후 급격히 줄어들면서 뼈가 약해져 무릎관절이 손상되기 쉽다.

무릎 통증을 부르는 잘못된 생활습관

무릎 통증에서 벗어나려면 잘못된 생활습관에서 벗어나야 한다. 무릎 인대에 부담을 주는 운동을 많이 하거나 연골 조직을 마모시키는 습관 등은 무릎 건강을 해친다.

잘못된 무릎 운동은 모래 위에 집짓기

운동을 해서 근육을 강화하면 관절의 안정성이 높아진다. 하지만 잘못된 운동은 오히려 건강을 해친다. 예를 들어 스쿼트나 런지처럼 무릎관절을 크게 움직이는 운동의 경우 무릎을 과도하게 밀어내는 동작을 반복하면 무릎 부상을 야기할 수 있다. 등산도 조심해야 한다. 산에 오를 때 관절의 압력이 커지고 뼈와 뼈가 부딪히면서 관절에 엄청난 자극을 준다. 자전거 페달을 돌리면 무릎이 90도 이상 구부러지기 쉽다. 그러면 슬개골과 슬개골 뒤쪽 연골에 자극이 가서 관절염이 심해질 수 있다.

자신의 관절 상태를 점검하고 그에 맞는 운동을 해야 한다. 그렇지 않으면 운동이 아니라 독이 될 수 있다.

무릎 건강을 해치는 나쁜 습관

쪼그려 앉거나 무릎을 꿇고 앉는 자세는 무릎에 직접적인 자극을 줄 수 있어 피해야 한다. 무릎이 최대로 꺾인 상태에서 체중이 실리면 무릎관절에 엄청난 부담을 주기 때문이다. 무릎에 압박을 주는 이런 자세는 무릎 연골을 마모시켜 퇴행성 관절염을 초래할 수 있다. 계단을 내려올 때도 필요 이상으로 무릎을 안쪽으로 회전하는 경우가 있는데, 이런 습관은 인대에 무리를 주어 통증을 유발할 수 있다.

무릎 건강을 지키는 바른 생활습관

무릎의 건강을 되찾으려면 무릎 주변 근육의 근력을 키우는 게 우선이다. 그래야 관절에 가는 자극을 근육이 흡수하고 관절을 보호할 수 있다. 특히 무릎 위쪽의 대퇴사두근과 허벅지 안쪽 근육인 대퇴내전근 등 허벅지 근육을 강화하는 운동을 꾸준히 하면 무릎에 가해지는 부담을 한층 줄일 수 있다.

무릎 근력을 강화하는 데 가장 좋은 운동은 걷기다. 단 오르막길이나 계단을 오르는 것은 무릎 손상을 가중시킬 수 있기 때문에 평지를 천천히 걷는 게 좋다. 걸을 때는 바닥에 최소한의 쿠션이 있으면서 발목을 잘 지탱해주는 안정감 있는 운동화를 신는다.

무릎 건강 자가 진단법

모든 해법은 자신의 문제를 인식하는 데서 출발한다. 내 무릎이 어떤 상태인지, 무엇이 문제인지 인지하고 그에 맞는 운동을 반복하면서 자연스럽고 편안한 움직임을 회복해야 한다. 동작을 따라 하며 무릎의 본래 움직임을 천천히 되살려 보자.

한 발 스쿼트

1. 두 발을 어깨너비로 벌리고 선다.
2. 양손은 가슴 앞에서 교차해 팔뚝 위에 가볍게 올린다.
3. 왼쪽 다리를 살짝 구부린 뒤 오른쪽 다리를 굽히며 천천히 자세를 낮춘다.
4. 5~7회 반복한 후 발을 바꿔 똑같은 방법으로 실시한다.

advice

한 발 스쿼트를 할 때 버티는 무릎이 몸 안쪽으로 회전하면서 들어 올린 발이 옆으로 빠지는 경우가 있다. 흔히 계단을 오르내릴 때 나타나는 동작으로, 무릎 인대에 무리를 주기 때문에 반드시 고쳐야 한다.

무릎 안정감 높이는 운동

운동 효과

무릎의 안정감 강화

무릎 가동력 확대

자신감 회복

무릎 통증을 이기는 방법은 움직이는 것이다. 처음에는 작고 가볍게 움직이고, 어느 정도 자신감이 붙으면 조금씩 체중을 실어가며 다양한 운동을 시도해본다. 특히 운동할 때는 점진적으로 부하를 주는 것이 좋다. 무릎에 걸리는 부하를 조금씩 늘려가면서 기능을 향상시켜보자.

앉았다 일어서기

1. 두 발을 어깨너비로 벌리고 선다.
2. 양손은 가슴 앞에서 교차해 가슴 위에 가볍게 올린다.
3. 무릎 간격을 그대로 유지한 채 앉았다 일어난다.
4. 5~7회 반복한다.

Point

바른 자세

앉았다 일어날 때 스쿼트 동작을 하는 것처럼 허리를 곧추세우면 무릎에 가하는 하중이 커진다. 상체를 살짝 앞으로 기울여 자연스럽게 움직여야 한다.

한 발 내밀고 양옆으로 무릎 흔들기

❶ 바르게 선 뒤 왼쪽 발을 앞으로 내디딘다.

❷ 양손은 왼쪽 무릎 위에 살짝 겹쳐 얹는다.

❸ 왼쪽 무릎을 양옆으로 리드미컬하게 왔다 갔다 하며 무게중심이 바뀌는 것을 느껴본다.

❹ 골반이 흔들리지 않도록 주의하며 5~7회 반복한다.

❺ 반대쪽도 같은 방법으로 실시한다.

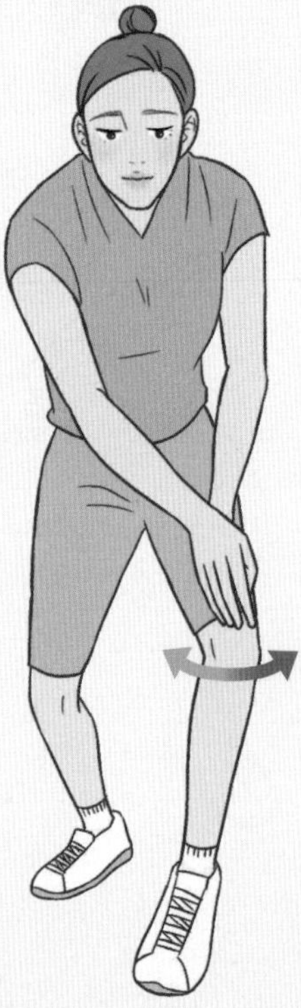

PLUS EXERCISE

한 발 내밀고 무릎 돌리기

기본 동작에서 무릎 돌리기 동작을 해보자. 왼쪽 발을 앞으로 내디딘 후 양손을 왼쪽 무릎 위에 살짝 겹쳐 얹는다. 왼쪽 무릎을 동그라미를 그리듯 회전시킨다. 5~7회 반복한 후 반대쪽도 같은 방법으로 실시한다.

발목 안팎으로 바꿔가며 무릎 운동하기

1. 왼발을 앞으로 내디딘 후 발끝의 방향을 바깥쪽으로 돌린다.
2. 양손은 왼쪽 무릎 위에 살짝 겹쳐 얹는다.
3. 양쪽 무릎을 앞으로 굽혔다 폈다 5~7회 반복한다.
4. 왼쪽 무릎을 양옆으로 왔다 갔다 하는 동작과 돌리는 동작을 각각 5~7회 반복한다.
5. 왼발의 발끝의 방향을 안쪽으로 돌린 후 같은 방법으로 실시한다.
6. 반대쪽 발도 같은 방법으로 실시한다.

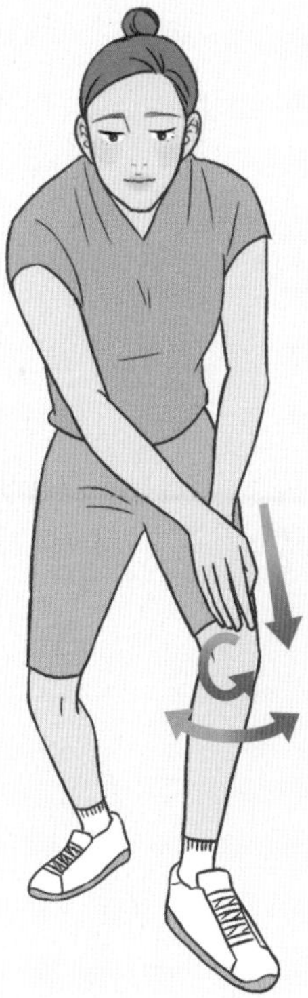

advice

운동 강도를 점점 더높이면서
관절의 가동 범위를 넓히는 동작이다.
운동을 하는 동안 특별히
불편하게 느껴지는 방향이나
지점이 있다면 그곳이
약한 부위일 가능성이 높다.
그 부위의 움직임을
최소화해서 조심스럽게
움직이다 보면 차차 개선되는
것을 느낄 수 있을 것이다.

한 발 내밀고 무릎 굽히기

❶ 의자 옆에 서서 왼손으로 의자 등받이를 잡는다.

❷ 왼발을 앞으로 내디딘 후 양쪽 무릎을 굽혀 무게중심이 바뀌는 것을 느껴본다.

❸ 골반과 상체가 움직이지 않도록 주의하며 양 무릎을 굽혔다 편다. 5~7회 반복한다.

❹ 반대쪽도 같은 방법으로 실시한다.

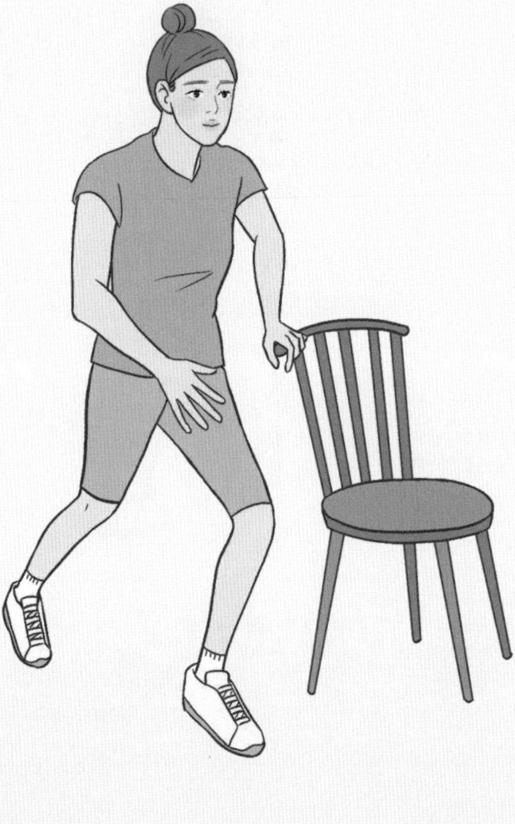

한 발로 서서 앞뒤 양옆으로 발차기

1. 의자 옆에 서서 오른손으로 의자 등받이를 잡는다.
2. 오른쪽 다리를 살짝 들어 올린 상태에서 앞뒤로 발차기를 해본다.
3. 가벼운 고무공을 차는 느낌으로 10~12회 반복한다.
4. 이번에는 다리를 들어 올린 상태에서 양옆으로 발차기를 해본다. 10~12회 반복한다.
5. 반대쪽 다리도 같은 방법으로 실시한다.

advice

조금씩 가동 범위를 넓혀가며 발을 차보자. 자신감이 붙으면 의자에 의지하지 않고 그냥 서서 해본다.

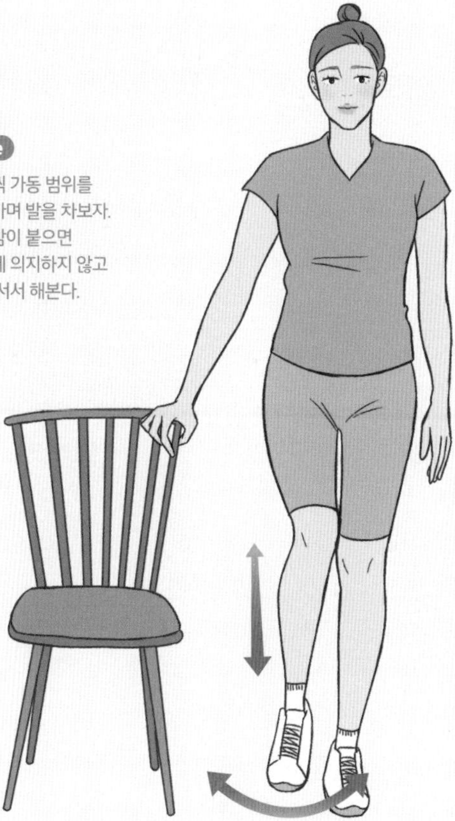

신체 부위별 운동 7

골반

Pelvis

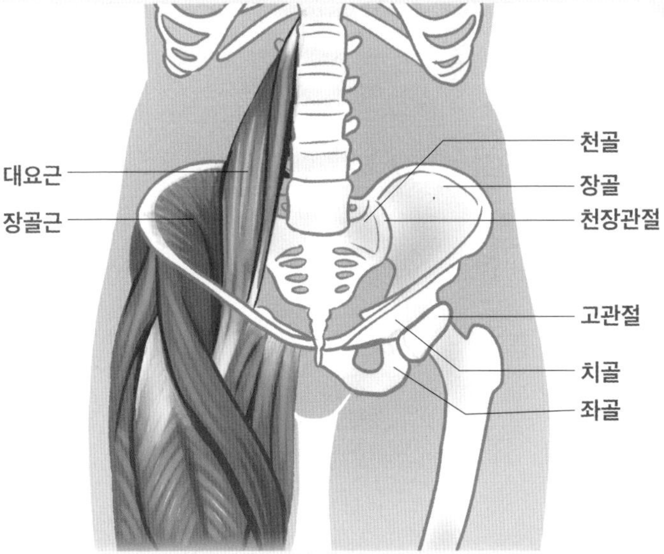

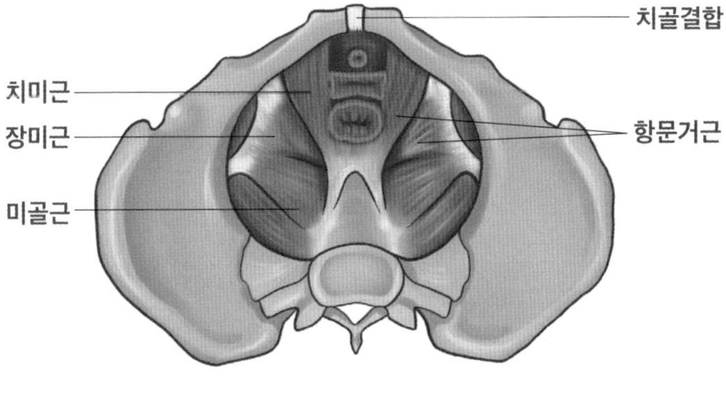

골반기저근

반드시 골반의 균형을 사수하라

골반은 척추와 두 다리를 연결하는 부위로, 상체의 체중을 다리로 분산하고 보행을 부드럽게 한다.

골반이 좌우대칭을 이루어야 하는 이유

골반은 마치 대야처럼 움푹 파인 하나의 뼈같이 보이지만 사실 3개의 뼈로 이루어져 있다. 골반의 윗부분과 앞부분을 아우르는 장골, 장골 밑에 치골, 뒤쪽에 자리한 좌골이 맞닿아 있다. 이들은 우리 몸에서 가장 큰 뼈인 대퇴골과 연결되어 유기적인 기능을 한다.

우리 몸의 중심인 골반은 좌우 균형을 잡아주는 핵심 골격이다. 그런데 골반이 틀어지거나 좌우대칭이 삐뚤어지면 어떻게 될까? 척추 곡선이 무너지고 천골과 장골이 만나는 천장관절이 어긋난다. 골반에 붙어 있는 근육도 함께 틀어진다. 결국 근골격계의 전체 균형이 깨지면서 통증이 생긴다.

근육에 변형이 오면 골반이 흔들린다

골반은 체간의 중요한 기능을 하는 근육의 집합소다. 복직근, 복횡근 등 복부의 코어 근육이 골반에 붙어 있고, 뒤쪽으로는 허리를 곧추세우는 기립근과 연결되어 있다. 그러다 보니 좋지 않은 자세로 오래 앉아 있으면 뒤쪽 근육은 늘어나고 앞쪽 근육은 수축된 상태로 굳는다. 결국 근육의 변형에 따라 골반의 위치가 달라질 수 있다.

디스크로 착각하기 쉬운 천장관절증후군

골반이나 허리가 아픈 사람들은 대개 천장관절이 아픈 경우가 많다. 천장관절은 천골과 장골이 만나는 관절로 우리 몸의 체중을 감당하느라 고생이 많은 부위다. 허리 아래쪽에서 일어나는 통증의 60~70%가 천장관절의 문제다. 관절 주변의 인대가 손상되면서 허리와 엉덩이 주변에 통증이 생기는데, 이를 '천장관절증후군'이라고 한다. 이 통증은 허리디스크 증상과 비슷해 착각하기 쉽다.

골반의 뒤틀림도 잘못된 움직임 탓

격한 운동이나 무리한 신체활동을 하면 천장관절에 문제가 생길 수 있다. 다리를 꼬거나 양반다리로 앉는 습관, 한쪽 다리로 짚고 서는 습관도 골반 뒤틀림의 원인이 된다.

예를 들어 길을 걸을 때 치마가 돌아가는 사람은 골반의 대칭이 깨졌다고 보면 된다. 잘못된 움직임이나 자세로 인해 한쪽 골반이 앞으로 나왔거나 뒤로 빠진 경우다. 골반의 균형이 흐트러지면 지금 당장은 괜찮더라도 얼마 지나지 않아 골반과 허리 통증을 겪을 확률이 매우 높다. 골반이 틀어지면 체중 분산이 제대로 되지 않기 때문이다.

골반이 아니라 근골격계 균형을 맞춰라

골반은 인체의 직립과 보행에 핵심적인 기능을 담당하는 관절인 만큼 주변 관절에 큰 영향을 미친다. 위로는 척추 전체를 떠받치는 주춧돌 역할을 하고 있어 골반이 틀어지면 허리에 통증이 생긴다. 이는 목과 턱의 문제로도 이어진다. 턱관절 불균형이나 경추에 기인한 두통 등은 골반의 틀어짐이 원인인 경우가 많다. 아래로는 무릎과 발목 통증에 직접적인 영향을 준다. 고관절의 방향과 벌어진 각에 따라 걸음걸이가 달라지고, 연쇄적으로 무릎과 발목 관절이 영향을 받는다.

골반은 특히 요추와 맞닿아 있기 때문에 허리 통증이 있는 사람은 반드시 골반의 건강 상태를 점검해봐야 한다. 허리디스크나 협착증 진단을 받았다 하더라도 이를 허리관절의 문제로만 여겨서는 통증에서 벗어나기 어렵다. 골반을 중심으로 인체의 모든 관절이 하나의 고리로 연결되어 있다는 사실을 인지해야 한다. 이를 전제로 인체의 균형과 정렬이라는 큰 관점에서 접근해야 근본적인 치료가 가능하다. 나무 한 그루, 한 그루도 중요하지만 숲 전체를 본다는 생각으로 골반과 척추관절을 관리해야 건강을 유지할 수 있다.

골반기저근과 케겔운동의 진실

골반기저근은 골반 바닥에 있는 근육으로 미골근, 항문거근 등으로 구성된 근육 집합체다. 항문과 성기를 감싸고 있으며 방광, 자궁, 요도 등 골반 내의 장기들을 받쳐준다. 특히 여성에게 매우 중요한 근육이다. 골반기저근의 가장 큰 역할은 골반의 안정화로, 골반이 안전하게 움직이며 제 기능을 할 수 있도록 돕는다.

여성에게 골반기저근이 왜 중요한가

해부학이나 근육에 대해 잘 몰라도 "요실금이 있는 사람은 케겔운동을 해야 한다"는 이야기를 들어본 적 있을 것이다. 케겔운동은 실제 골반기저근을 강화하는 데 효과적이다. 임신, 출산 등의 이유로 체간의 압력이 높아질 때 골반기저근이 잘 버티지 못하면 요실금이 발생할 수 있다. 또한 장기를 제대로 받쳐주지 못해 골반의 불균형을 일으킬 수 있으며 이는 허리 통증, 생리통, 생리 불순으로 연결되기도 한다.

케겔운동 잘못하면 오히려 해롭다

케겔운동은 분명히 이점이 있다. 하지만 오랫동안 사용하지 않던 근육을 갑자기 집중적으로 사용하면 경직의 원인이 된다. 많은 연구결과에 따르면, 골반기저근을 끌어당기려고 애쓰는 동안 오히려 방광이 내려오며 압력이 더 커진다고 한다.

한쪽으로 치우치는 운동은 언제나 위험하다. 골반기저근을 강화하는 건 매우 중요한 일이지만 다른 근육들과 함께 유기적으로, 또 전체적으로 운동해야 몸에 이롭다.

골반 건강 자가 진단법

골반을 다양한 방향으로 자유롭게 움직일 수 있느냐는 골반 건강을 가늠할 수 있는 중요한 척도다. 골반을 앞뒤 양옆으로 움직여보자. 골반의 중립 위치를 찾고 올바른 자세를 갖는 데 도움이 된다.

골반 앞뒤 좌우로 움직이기

1. 두 발을 어깨너비로 벌리고 서서 양손을 골반에 갖다 댄다.
2. 골반을 앞뒤로 움직인다. 이때 무릎은 자연스럽게 움직이되 상체는 고정한다.
3. 이번에는 골반을 좌우로 왔다 갔다 움직인다.
4. 앞뒤 좌우로 움직이는 동작을 5~7회 반복한다.

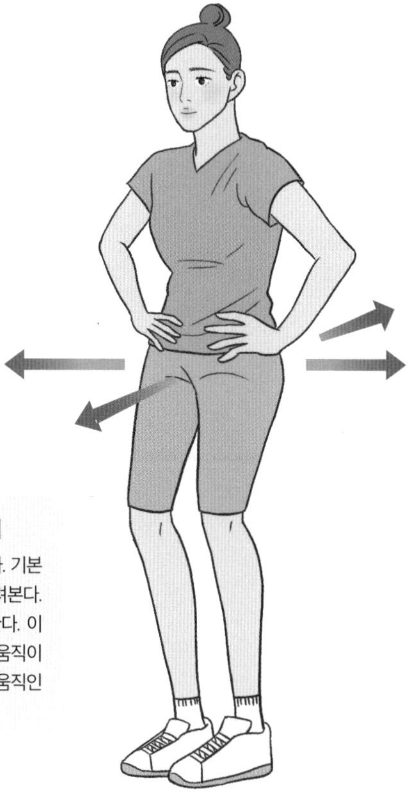

PLUS EXERCISE

기본 동작에서 골반 돌리기

골반 돌리기 동작을 시도해보자. 기본 동작에서 골반을 부드럽게 돌려본다. 방향을 바꿔가며 5~7회 반복한다. 이때 골반이 따로 분리된 것처럼 움직이지 않고 허리나 상체까지 함께 움직인다면 골반이 경직된 상태다.

골반 경직 해소 운동

운동 효과

골반 경직 해소

골반 교정

골반과 고관절 안정성 향상

골반 통증을 완화하려면 먼저 경직된 골반 근육을 풀어야 한다. 골반 근육을 풀 때는 작은 동작이라도 골반의 움직임에 최대한 집중한다.

한 손으로 의자 짚고 앞뒤로 발차기

1. 바르게 서서 오른손으로 의자 등받이를 잡고, 왼손은 골반 위에 올린다.
2. 공을 차는 느낌으로 왼발을 앞뒤로 크게 찬다.
3. 5~7회 반복한 후 반대쪽도 같은 방법으로 실시한다.

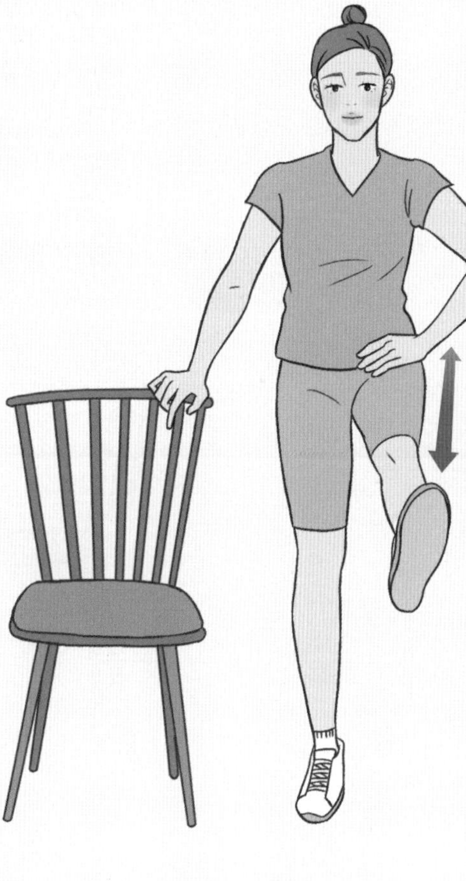

의자 잡고 다리 벌리며 앉기

① 의자를 앞에 두고 두 발을 넓게 벌리고 선다.

② 양손으로 의자 등받이를 잡은 뒤 엉덩이를 살짝 벌린다는 느낌으로 앉았다 일어난다.

③ 5~7회 반복한다.

PLUS EXERCISE

다리 벌리고 앉으며 손가락 바닥에 대기

의자 없이 다리를 벌리며 앉는 동작을 해본다. 두 발을 넓게 벌리고 선 뒤 양팔을 몸 앞에 자연스럽게 늘어뜨린다. 엉덩이를 살짝 벌린다는 느낌으로 앉으며 손가락을 바닥에 댄다. 앉았다 일어나는 동작을 5~7회 반복한다.

advice

엉덩이에 붙어 있는 골반 근육들이 쫙 열리며 이완되는 것을 느껴본다.

골반 벌리고 앉아 팔꿈치로 무릎 밀기

1. 두 발을 어깨너비보다 넓게 벌리고 선 뒤 가슴 앞에서 양 손바닥을 맞댄다.
2. 골반을 넓게 벌리고 앉은 뒤 양쪽 팔꿈치를 양쪽 무릎 안쪽에 댄다.
3. 왼쪽 팔꿈치로 왼쪽 무릎을 밀며 몸을 옆으로 기울인다.
4. 이번에는 오른쪽 팔꿈치로 오른쪽 무릎을 밀며 몸을 옆으로 기울인다.
5. 좌우 왕복 동작을 5~7회 반복한다.

advice

앉았을 때 허리를 구부려
앞으로 숙이는 자세가
되지 않도록 주의한다.

골반 근력 강화 운동

운동 효과

골반 근력 강화

골반 교정

관절 가동성 향상

골반과 고관절 유연성 향상

골반 근육도 동적인 움직임을 통해 강화할 수 있다. 평소 잘 쓰지 않는 골반과 고관절 주위의 근육을 이완하는 동시에 관절의 가동성을 높이는 동작이다.

발 뒤로 빼며 팔 옆으로 돌리기

1. 바른 자세로 서서 양팔을 자연스럽게 늘어뜨린다.
2. 오른쪽 다리를 뒤로 쭉 밀면서 오른팔을 왼쪽으로 힘차게 뻗는다.
3. 반대쪽도 같은 방법으로 실시한다.
4. 왕복 동작으로 5~7회 반복한다. 이때 양쪽을 교대로 리드미컬하게 움직인다.

advice

동작을 할 때 골반이 흔들리면 안 된다. 골반을 붙잡는 느낌으로 진행한다.

바닥에 엎드려 다리 옆으로 들어 올리기

❶ 양손과 양 무릎을 바닥에 대고 네발 자세를 취한다.

❷ 왼쪽 다리를 그대로 옆으로 들어 올린다. 이때 다른 부위는 움직이지 않도록 자세를 유지한다.

❸ 올리고 내리는 동작을 5~7회 반복한 후 반대쪽도 같은 방법으로 실시한다.

advice

다리를 들어 올릴 때 허리가 돌아가며 골반이 열리지 않도록 주의한다. 이때 무릎의 각도는 90도를 유지하도록 신경 쓴다. 골반이 무리하지 않는 범위까지 다리를 올리되 점점 가동 범위를 넓혀간다.

바닥에 엎드려 다리 옆으로 들었다 뒤로 차기

❶ 양손과 양 무릎을 바닥에 대고 네발 자세를 취한다.

❷ 왼쪽 다리를 그대로 옆으로 들어 올린다.

❸ 들어 올린 왼쪽 다리를 뒤로 쭉 편다.

❹ 다리를 당겼다 펴는 동작을 5~7회 반복한다.

❺ 반대쪽도 같은 방법으로 실시한다.

옆으로 누워 무릎 벌리기

① 옆으로 누운 뒤 오른쪽 팔꿈치를 바닥에 대고 상체를 세운다. 왼손은 몸 앞에 놓는다.

② 양 무릎을 포개 살짝 굽힌다.

③ 양발을 붙인 상태에서 왼쪽 무릎만 들어 올렸다 내린다.

④ 긴장감을 유지하며 5~7회 반복한다.

⑤ 방향을 바꿔 반대쪽도 같은 방법으로 실시한다.

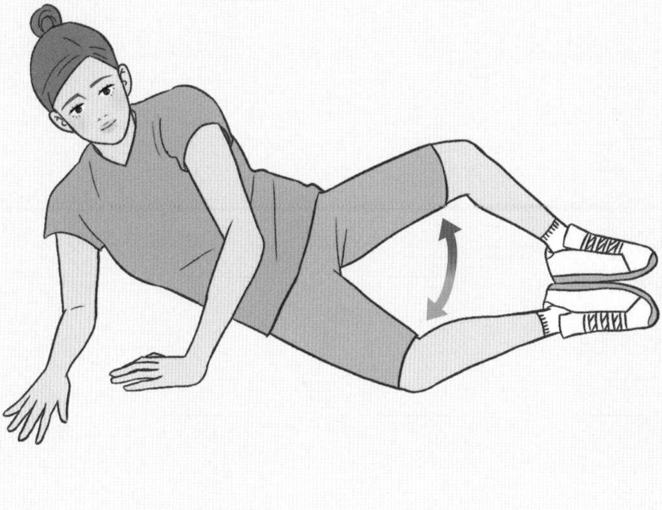

신체 부위별 운동 8

팔꿈치와 손목

Elbow & Wrist

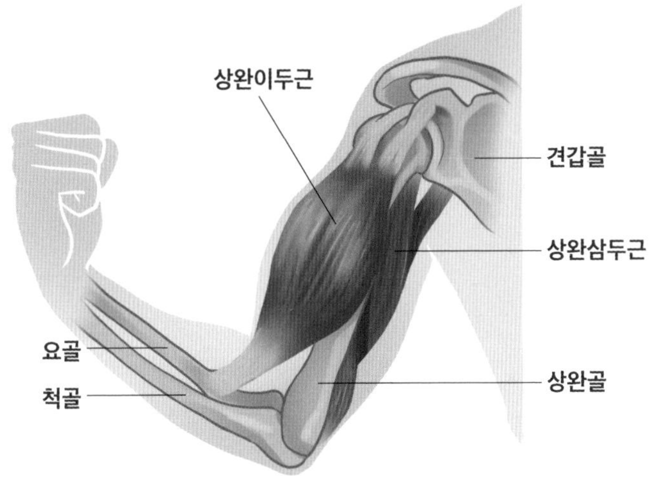
상완이두근
견갑골
상완삼두근
요골
척골
상완골

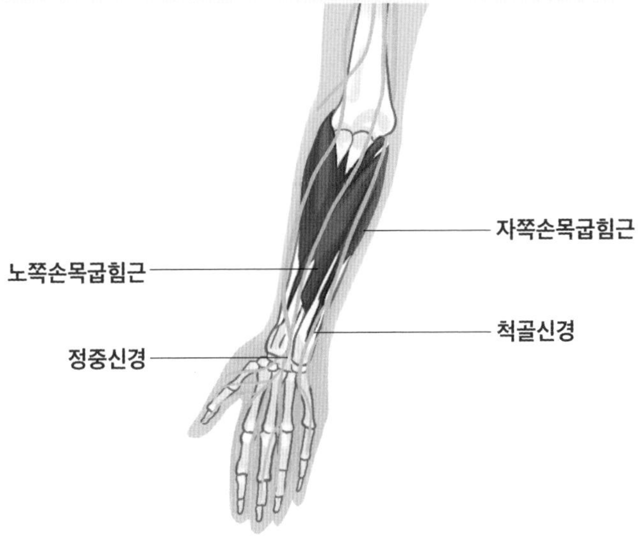
자쪽손목굽힘근
노쪽손목굽힘근
척골신경
정중신경

팔꿈치 통증의 원인은 반복된 움직임이다

팔꿈치와 손목은 이웃 관절로 상호 유기적으로 움직인다. 예를 들어 식사할 때 수저를 사용하는 경우 얼핏 보면 손가락만 움직이는 것 같지만 손목과 팔꿈치까지 함께 일한다.

팔꿈치 관절의 구조

팔꿈치는 위팔의 상완골이 아래팔의 요골과 척골을 만나 관절을 이룬다. 이 관절은 상완이두근, 상완삼두근 등의 근육과 힘줄로 둘러싸여 있다. 각각의 뼈는 인대로 연결되어 있는데, 무리하게 무거운 짐을 많이 들거나 반복적으로 사용하면 인대에 염증이 생겨 통증이 발생한다.

반복 동작으로 인한 팔꿈치 통증

팔꿈치에 통증이 생기면 흔히 "엘보가 왔어"라는 말을 한다. 팔을 무리하게 사용하거나 지나친 운동을 했을 때 팔꿈치에 통증이 발생하는데 팔꿈치 바깥쪽이 아프면 '테니스엘보Tennis Elbow', 팔꿈치 안쪽이 아프면 '골프엘보Golfer's Elbow'라고 한다.

테니스엘보는 팔꿈치의 바깥쪽 돌출된 부위에 통증과 함께 염증이 발생하는 질환으로, 정식 명칭은 '외측상과염'이다. 테니스 선수나 테니스를 취미로 하는 사람들에게 흔히 발생해 이런 이름이 붙었지만, 실제 통증으로 병원을 찾는 사람들은 테니스와 관련 없는 경우가 더 많다. 물건을 들거나 손목을 위로 젖힐 때 팔꿈치 바깥쪽에 찌릿한 통증이 있으면 테니스엘보를 의심해봐야 한다.

골프엘보는 골프를 칠 때 반복적으로 팔꿈치를 펴는 동작을 하는데, 이때 팔꿈치 안쪽에 부하가 걸리면서 팔꿈치 안쪽 돌출 부위에 통증이 발생하는 염증성 질환이다. 정식 명칭은 '내측상과염'으로, 팔꿈치 안쪽 부분에 통증과 저림 증상이 나타난다. 물건을 들어 올리거나 걸레 등을 비틀어 짜는 동작을 할 때 통증이 더 심해진다.

성장기 어린이들도 이런 증상을 종종 겪는다. 이를 '리틀리그엘보Little League Elbow'라고 한다. 리틀 야구단의 어린이 선수들이 공을 반복적으로 빠르게 던지면서 생기는 통증으로 팔꿈치 안쪽에서 발병한다.

성인의 경우 '베이스볼엘보Baseball Elbow'라는 표현을 쓰기도 한다. 테니스, 배드민턴, 골프, 야구, 볼링 등 어떤 운동이든 반복적으로 팔을 사용하면 팔꿈치 통증을 겪을 수 있다. 통증을 막으려면 팔꿈치에 무리를 주는 반복 동작을 피하고, 팔의 사용을 최대한 줄여야 한다.

직업 때문에 팔꿈치가 아픈 사람들

손목과 팔꿈치를 지속해서 사용하는 직업군에서도 통증이 나타난다. 피아노, 바이올린 등 악기를 연주하는 음악가들을 비롯해 미용사, 조각가, 목수, 마트 계산원은 손목과 팔꿈치를 오랜 시간 반복적으로 사용하기 때문에 피로가 누적된다. 이뿐만이 아니다. 온종일 키보드 작업을 하는 직장인이나 집안일을 많이 하는 주부에게도 통증이 자주 나타난다.

이런 경우 손목굽힘근을 둘러싸고 있는 근막의 수분이 손실되면서 통증이 발생한다. 팔꿈치는 통증이 한번 발생하면 오래 지속되고 재발도 잘 된다. 팔꿈치에 갑자기 뻐근함이 느껴진다면 통증이 오고 있단 신호다. 이때는 마사지로 팔의 근육을 부드럽게 풀어주고 근력을 강화하기 위해 스트레칭하는 것이 좋다.

가장 흔하게 발생하는 손목 통증

손목관절은 8개의 작은 뼈로 이루어져 있다. 뼈 사이마다 인대가 있어 관절이 흔들리지 않게 잡아준다. 또 많은 근육이 촘촘히 분포해 있어 손가락과 손목이 미세하게 움직이는 것을 돕는다. 손목 위에는 손목을 굽히고 펴는 데 관여하는 자쪽손목굽힘근과 노쪽손목굽힘근 등의 근육이 위치해 있다.

손목이 시큰하다면 손목터널증후군

스마트폰과 컴퓨터를 장시간 사용하면서 손목 통증을 호소하는 사람들이 많아졌다. 손목 안에는 손가락까지 정중신경이 지나가는 작은 통로가 있는데, 이를 '수근관'이라고 한다. 수근관이 좁아지거나 압박을 받으면 정중신경이 눌리면서 손목터널증후군이 생긴다. 손목을 반복적으로 사용하거나 손목관절을 장시간 굽히거나 편 상태로 오래 유지할 경우 통증과 감각장애가 심해진다. 또 손의 감각이 둔해지면서 정교한 동작을 하기가 어려워진다. 갑자기 손목에 힘이 빠져 병뚜껑을 따거나 돌리기도 힘들다. 손이 무감각해 물건을 세게 잡지 못하고 손을 꽉 쥐려고 하면 때때로 타는 듯한 통증이 나타난다.

주로 30~60세에서 발생하며, 여성이 남성보다 5배 정도 많이 발병한다. 손목터널증후군은 손을 지나치게 많이 사용할 때 발생하기 때문에 최대한 손을 사용하지 않는 게 좋다.

삐었나 싶었는데 사실은 골절

자기도 모르게 겪고 넘어간 골절이 만성 통증을 부르기도 한다. 중장년층에서 가장 흔히 발생하는 골절 중 하나가 바로 손목 골절이다. 넘어지거나 갑자기 무게중심이 한쪽으로 쏠릴 때 손으로 바닥을 짚으면서 통증이 생긴다. 대부분 손목이 삐거나 인대가 늘어났다고 판단해 온찜질을 하거나 휴식을 취하는데 사실은 골절인 경우가 종종 있다.

골절이 흔히 발생하는 부위는 손목관절을 받치고 있는 요골이다.

요골은 중년 이상의 나이 든 여성이 넘어지면서 골절이 가장 많이 생기는 부위이기도 하다. 폐경기 이후 급격히 진행되는 골다공증으로 뼈가 약해져 작은 충격에도 쉽게 부러진다. 발목과 달리 손목은 하중 운동을 크게 하지 않기 때문에 휴식을 취하면 회복되는 경우가 많다. 하지만 이 과정에서 생긴 후유증으로 만성 통증이 생길 수 있다.

팔꿈치와 손목 건강 자가 진단법

팔꿈치와 손목은 우리 몸에서 가장 운동 범위가 넓은 부위 중 하나다. 쉼 없는 사용으로 근육이 뭉치거나 힘줄이 부을 수 있다. 큰 회전 동작으로 팔꿈치와 손목 주변의 근육과 관절을 풀어주자. 동작 시 손등이 맞닿지 않는다면 어깨와 팔꿈치 관절이 많이 경직된 상태라고 할 수 있다.

손등 맞대고 팔꿈치 돌리기

❶ 바른 자세로 선 뒤 양손을 이마 앞에서 모아 주먹을 쥔다.

❷ 두 주먹을 붙인 상태로 몸 안쪽에서 바깥쪽으로 감아 내린다.

❸ 두 팔을 끝까지 쭉 뻗는다. 이때 주먹을 쥔 양손의 손등이 맞닿아야 한다.

❹ 손등을 맞대고 뻗어 내리는 동안 팔꿈치 주변이 시원해지는 것을 느끼며 10~12회 반복한다.

❺ 3~5세트 실시한다.

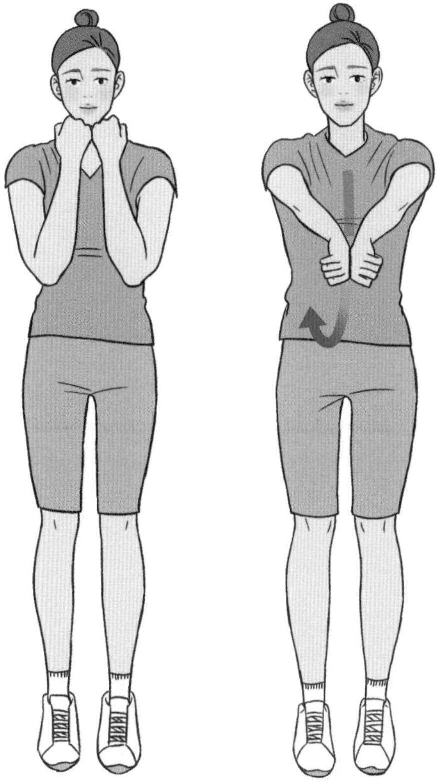

advice

동작이 어느 정도 익숙해지면 팔을 밖에서 안으로 돌리는 동작을 시도해본다. 10~12회씩 3~5세트 반복한다.

팔꿈치 경직 푸는 운동

운동 효과

팔꿈치 경직 완화

어깨와 팔꿈치 통증 경감

팔꿈치 가동 범위 향상

팔꿈치 경직은 팔을 전체적으로 운동하는 과정에서 자연스럽게 완화된다. 관절의 정렬을 바로잡고 근육을 부드럽게 만들어야 본래의 부드러운 움직임을 되찾을 수 있다.

손바닥 마주 대고 좌우로 움직이기

1. 바른 자세로 선 뒤 양손을 가슴 앞에서 모아 손바닥을 맞댄다.
2. 왼손을 오른쪽으로 민다. 근육이 늘어나는 느낌에 집중하며 너무 불편하지 않은 선에서 멈춘다.
3. 근육의 느낌에 집중하며 천천히 반대쪽으로 민다. 이때 상체는 앞으로 살짝 숙여지는 것이 자연스러운 동작이다.
4. 왕복 동작으로 5~7회 반복한다.

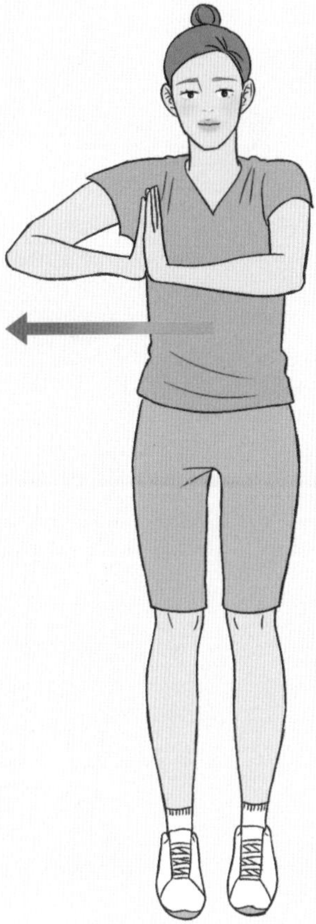

advice

손을 옆으로 밀 때 몸이 돌아가선 안 된다. 무리해서 밀지 말고 견딜 수 있을 만큼만 운동하며 가동 범위를 조금씩 늘려가는 게 좋다.

양팔 반대로 늘이기

1. 허리를 곧게 펴고 바르게 선다.
2. 오른팔은 살짝 들어 위로 구부리고, 왼팔은 아래로 구부린다.

③ 팔꿈치를 펴며 두 팔을 위아래로 쭉 민다.

④ 방향을 바꿔 반대쪽도 같은 방법으로 실시한다.

⑤ 좌우 교대로 리드미컬하게 5~7회 반복한다.

손목 경직 푸는 운동

운동 효과

손목 경직 해소

손목 통증 경감

손바닥과 손목의 힘줄 긴장 완화

손목의 경직을 풀고 근력을 강화할 수 있는 운동이다. 자신의 손목 상태에 따라 운동의 방향과 폭을 조정하는 것이 좋다. 수시로 스트레칭을 하여 손목의 움직임을 부드럽게 만들어보자.

손바닥으로 바닥 짚고 상체 앞으로 밀기

1. 양손과 양 무릎을 바닥에 대고 네발 자세를 취한다. 이때 무릎이 불편한 사람은 무릎 아래에 방석이나 얇은 쿠션을 댄다.
2. 어깨를 앞으로 밀어 상체의 무게중심을 손목으로 이동한다.
3. 무리해서 버티지 말고 가볍게 움직이며 5~7회 반복한다.

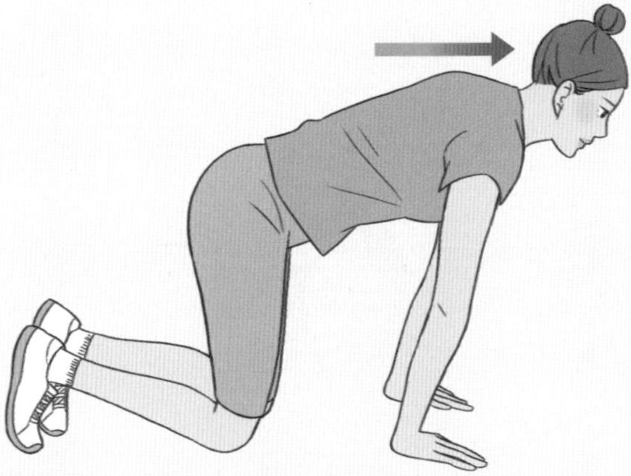

PLUS EXERCISE

변형 동작 4가지

기본 동작에서 손목의 방향을 바꿔가며 시도해본다. 5~7회 반복하는 건 동일하다.

1. 손목 안쪽을 살짝 들어 올린 후 동작을 반복한다.
2. 양손을 주먹 쥔 상태에서 손목 안쪽을 살짝 들어 올린 후 동작을 반복한다.
3. 손목을 바깥쪽으로 90도 정도 돌린 후 동작을 반복한다.
4. 손목을 180도 돌려 손끝이 몸쪽을 향하게 한 후 동작을 반복한다.

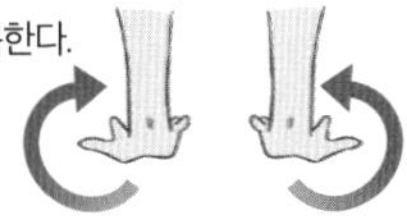

손목 좌우 앞뒤로 움직이며 힘 불어넣기

❶ 의자에 오른팔을 올린 뒤 500mL 생수병을 거꾸로 세워서 든다. 이때 손목이 의자 밖으로 나와야 한다.

❷ 왼손은 오른팔 위에 올린다.

❸ 손목을 왼쪽으로 천천히 돌렸다가 다시 오른쪽으로 천천히 돌린다.

❹ 자동차 와이퍼가 움직이듯 손목을 좌우로 천천히 10~15회 움직인다.

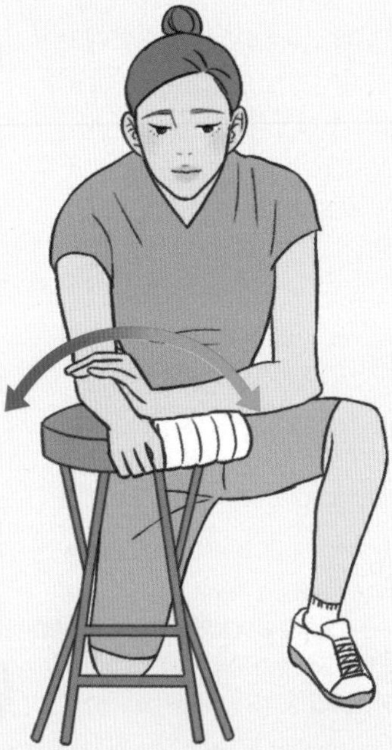

❺ 이번에는 손목을 아래로 천천히 내렸다가 다시 위로 천천히 올린다.

❻ 망치질하듯이 손목을 위아래로 천천히 10~15회 움직인다. 반대쪽도 같은 방법으로 실시한다.

PLUS EXERCISE

생수병을 아래로 들고 좌우 앞뒤로 움직이기

이번에는 기본 동작에서 생수병의 위치를 바꿔본다. 의자에 팔을 올린 뒤 500mL 생수병을 아래로 든다.

❶ 자동차 와이퍼가 움직이듯 손목을 좌우로 천천히 10~15회 움직인다.

❷ 망치질하듯이 손목을 위아래로 천천히 10~15회 움직인다.

신체 부위별 운동 9

발과 발목

Foot & Ankle

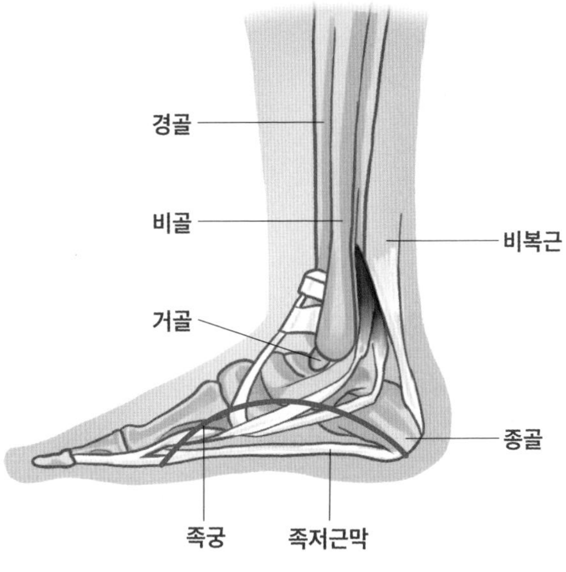
경골
비골
비복근
거골
종골
족궁
족저근막

평생 걷고 싶다면 발과 발목이 건강해야 한다

발은 우리가 달리거나 걷거나 계단을 오르내릴 때 지면과 닿아 체중을 이겨내면서 앞으로 나아가게 하는 기능을 담당한다. 우리가 활동하는 대부분의 시간 내내 바닥과 맞닿아 체중을 지탱하고 움직임을 만든다. 하지만 외부 자극과 충격을 바로 흡수하는 부위인 만큼 과도한 자극이 가해지면 미세한 손상이 생기고, 이것이 반복되면서 발바닥에서 통증이 발생할 수 있다. 발과 바로 위의 발목관절이 불편하면 걷기 자체가 힘들어진다.

하지 힘의 40%가 발과 발목에서 나온다

하지의 움직임을 기능적으로 보면 무릎과 고관절도 매우 중요하지만, 발과 발목의 미세한 움직임이 우리 몸을 이동시켜준다 해도 과언이 아니다. 우리가 걷거나 뛸 때 작용하는 하지의 힘이 100이라고 한다면 40 정도가 발과 발목에서 나온다. 이 힘의 원천은 지면 반발력이다.

발이 아프면 무릎과 허리도 아프다

발이 지면에 닿을 때마다 우리 몸속의 힘이 지면을 누르는 만큼 작용 반작용의 법칙에 의해 지면도 우리 몸을 밀어내는데, 이를 '지면 반발력'이라고 한다. 걷기, 달리기, 야구, 골프 등 지면 위에서 하는 모든 운동들은 지면 반발력을 통해 추진 동력을 얻는다.

지면에서 인체 쪽으로 작용하는 힘은 대퇴골이 상당 부분 흡수한다. 대퇴골이 감당하지 못하는 나머지 힘은 발목뼈를 이루고 있는 비골과 경골, 즉 두 개의 정강이뼈가 흡수한다. 이때 발목관절이 유연하지 않으면 비골과 경골에 닿는 스트레스가 커진다. 그래서 발이 무딘 사람은 무릎이 아픈 경우가 많다. 발과 무릎이 함께 아픈 사람은 당연히 허리도 아프다.

앉아 있는 동안 점점 짧아지는 발목 근육

힘을 뺀 상태에서 발을 들어 올리면 발목관절이 아래로 살짝 처진다. 그런데 발목의 힘을 빼도 발끝이 처지지 않고 빳빳이 들리는 사람이 있다. 의자에 앉아 있을 때 발목은 지면과 90도를 유지하는데, 이 상태가 오래되면 발등과 발목 앞부위의 근육들이 짧아진 채 경직된다.

근막과 근육의 경직이 만성 통증으로

발목의 중립이 깨지면 발등에 있는 근육은 짧아지는 반면 발바닥에 있는 근육은 늘어난다. 그러면 근육이 늘어나는 것을 막기 위해 근막이 경직된다. 이처럼 근육이나 근막에 계속 쌓이는 변화는 스트레스로 이어진다. 이 스트레스가 적정 시점에 해소되지 못하고 쌓이면 만성 통증을 부른다.

전체 인구의 70%가 운동 부족

운동 부족은 거의 모든 현대인이 겪는 사회적 질환이다. 요즘은 생활체육의 보급화로 많은 사람이 다양한 스포츠를 즐길 수 있게 되었지만, 지속적이고 규칙적으로 운동을 하는 사람은 전체 인구의 30%밖에 되지 않는다. 지면에 발을 딛고 걷는 것만으로도 발과 발목에 훌륭한 운동이 된다. 뭔가 복잡한 계획을 세우고 일정을 잡으려 하지 말고 일단 걷자. 그것이 발과 발목의 경직을 푸는 가장 쉬운 길이다.

운동 부족이 보행장애로 이어진다

근육이 약해서 아픈 사람보다 근육이 뻣뻣하게 굳어 압박받고 피가 잘 안 통해서 아픈 사람이 더 많다. 근육과 근막이 경직되면서 통증 신경세포가 예민해져 아픈 것이다.

갑자기 찾아오는 발바닥 경직

다친 적도 없는데 갑자기 발바닥을 송곳으로 찌르는 것처럼 아플 때가 있다. 아침에 침대에서 내려와 첫발을 내디딜 때, 오래 앉아 있다가 일어날 때 그런 통증을 느낀다. 깜짝 놀라 병원에 가면 대개 족저근막염이란 진단을 받는다. 발바닥이 너무 경직되어 염증이 생겼다는 얘기다.

족저근막염은 종골(발꿈치뼈)에서 발바닥 앞쪽으로 연결된 두꺼운 섬유띠인 족저근막에 염증이 생겨 통증이 발생하는 질환이다. 족저근막은 발바닥의 아치를 유지하고 외부 충격을 흡수하는 역할을 하기 때문에 이 부위에 손상을 입으면 보행에 큰 어려움을 겪게 된다. 이 상태를 방치하면 통증의 범위가 점점 넓어지고 걸음걸이의 변형으로 고관절과 척추에도 문제가 생길 수 있다.

발목 경직에서 보행장애로

발목도 비슷하다. 발목을 접질려 고생한 적이 있는 사람은 다시 같은 일이 생길까 봐 발목에 필요 이상으로 힘을 준다. 불안하니까 더 아끼고 조심하려는 본능적인 반응이다. 하지만 이때부터 악순환이 시작된다. 발목 주변의 근육이 늘어나고 경직되어 발목이 점점 무겁게 느껴진다. 혈액순환이 원활하게 이뤄지지 않기 때문이다. 그러다 보면 불안한 부위가 점점 늘어난다. 무릎은 물론 고관절까지 통증의 범위가 확대된다.

이 상태가 계속되면 다리가 전체적으로 뻣뻣해지고 쥐가 자주 난다. 또 자기도 모르게 조금씩 절면서 걷거나 양쪽 발의 벌어지는 각도에 차이가 생긴다. 한쪽 발은 앞으로 나가는데 다른 한쪽 발은 바깥쪽으로 열려 걸음걸이가 불균형을 이루게 된다.

잘못된 습관이 다리와 발의 기형을 부른다

나쁜 습관은 인체 구조를 무너뜨릴 만큼 강력하다. 낙수가 바위를 뚫는 것처럼 잘못된 걸음걸이와 앉는 습관 등이 오랜 시간 누적되면 발과 발목의 변형을 초래할 수 있다.

앉는 습관이 다리 기형을 만든다

성장기 어린이는 관절이 매우 유연하다. 그래서 바닥에 앉을 때 무릎을 W자로 구부리거나 한쪽 다리는 안으로, 다른 한쪽 다리는 바깥쪽으로 구부려 앉는 경우가 많다. 이는 두 팔 걷어붙이고 말려야 하는 자세다. 이렇게 앉는 습관이 장기화되면 고관절이 과도하게 회전하면서 무릎과 발목이 안으로 말린다. 발목이 안쪽으로 무너지면서 결국 안짱다리가 된다.

양반다리도 건강을 해치는 습관이다. 무릎을 크게 구부려 바닥에 앉으면 무릎의 인대와 근육이 지나치게 긴장하고 나아가 고관절까지 무리가 간다. 골반이 옆으로 벌어지면서 무릎이 바깥쪽을 향하는데, 이 자세를 오래 유지하면 무릎과 발목이 바깥쪽으로 휘어 O자형 다리가 될 가능성이 높다.

발목이 무너지면 족궁까지 내려앉는다

족궁은 발바닥 안쪽에 둥그렇게 올라간 아치를 말한다. 몸의 하중을 발뒤꿈치와 발가락의 뿌리 부분에 효율적으로 분산하는 역할을 한다. 또 걸을 때 인체에 가해지는 충격을 완화하는 쿠션 기능을 하며 앞으로 나아가는 추진력을 만든다.

발목관절이 무너진 채 계속 걷다 보면 족궁이 점점 처지면서 지면에 닿게 된다. 그러면 걷거나 뛸 때 발생하는 충격이 고스란히 몸에 전해진다. 결국 두 발이 몸을 똑바로 지탱할 수 없게 되며, 전신 관절에까지 문제를 일으켜 몸이 균형을 잃을 수 있다.

발의 유연성과 신경의 민감성이 중요하다

발목이 안정적인 구조를 유지하려면 유연해야 한다. 통증이나 부상을 경험한 사람들은 발목에 힘이 들어가 발바닥의 압력이 높아진다. 연쇄적으로 발 주변에 분포된 신경세포들이 무뎌진다. 발의 유연성과 민감성이 떨어지면 부상으로 이어질 뿐 아니라 다른 근골격계에도 문제가 생길 수 있다.

33개의 관절이 24시간 살아 움직여야 한다

발에는 33개의 관절이 있다. 이 관절 하나하나가 유연하게 움직이며 제 기능을 다하려면 무수히 많은 관절과 인대, 근육, 신경이 원활하게 움직여야 한다. 발에 무슨 일이 일어나고 있는지 24시간 뇌에 전달해야 한다.

발을 다치거나 당뇨 합병증으로 발에 문제가 생긴 사람 중에는 감각이 무뎌져서 발목뼈에 골절이 온 지도 모르고 지나가는 사람이 있다. 심한 경우 길을 걷다 부딪쳐 발가락에 금이 가고 피가 나도 느끼지 못하기도 한다.

암보다 무서운 것이 낙상이다

발에 분포하고 있는 신경들은 우리가 서 있을 때, 걸을 때, 달릴 때, 방향을 틀 때 등 모든 움직임 정보를 즉각적으로 뇌에 전달한다. 그래서 우리 동작이 매끄럽게 이어지는 것이다. 그런데 이 과정이 원활하지 못하면 균형을 잃고 넘어지게 되는데, 이는 곧 낙상으로 이어진다.

최근 발표된 한국인 질병 부담 순위에서 낙상이 7위에 올랐다. 간암과 위암이 순위권 밖으로 밀려나면서 낙상이 암보다 질병 부담이 더 큰 질환이 됐다. 낙상은 사망 위험이 매우 높다. 낙상으로 고관절 골절이 생기면 1년 내 사망률이 약 17%에 이른다. 낙상 골절 환자의 60%가 정상적인 보행이 불가능할 정도로 후유증이 심하다.

발과 발목 건강 자가 진단법

발과 발목을 위아래로 움직이며 관절의 가동 범위를 넓혀보자. 발과 발목이 직각을 이룬 상태를 기준으로 발이 몸쪽으로 20~25도 정도 당겨지면 건강한 상태다. 발끝을 아래쪽으로 내릴 때 45~50도 정도 숙어지면 정상 범위로 본다. 당기거나 내리는 범위가 작을수록 발목이 경직되어 부상당하기 쉬운 상태라고 할 수 있다.

발목 펴고 당기기

1. 의자를 두 개 준비한 뒤 한 의자에 앉고, 다른 의자에 왼쪽 다리를 쭉 뻗어 올린다. 이때 발목이 의자 밖으로 나가야 한다.
2. 발목 앞쪽을 쭉 펴서 발끝을 아래로 내린다.
3. 발목 뒤쪽을 쭉 늘이며 발끝을 정강이 쪽으로 끌어당긴다.
4. 왕복 동작을 5~7회 반복한다.

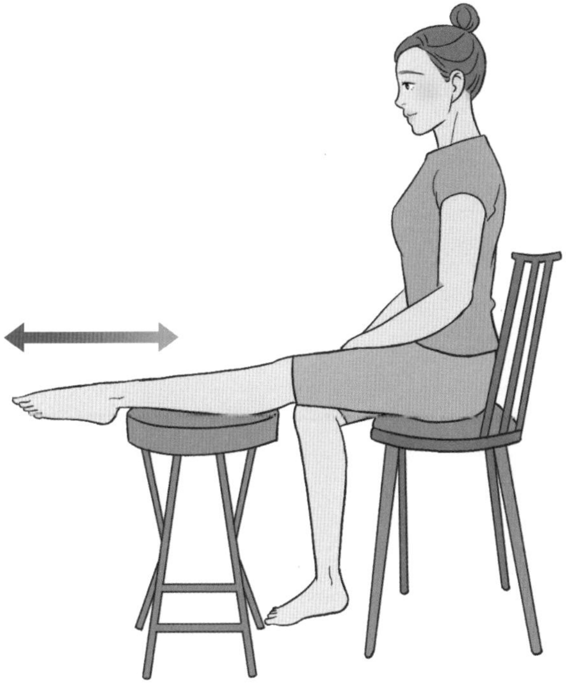

발과 발목의 경직 푸는 운동

운동 효과

발목 근육의 경직 해소

발과 발목의 움직임과 유연성 향상

발목 통증 완화

발과 발목은 민감한 부위라 작은 동작으로도 운동 효과를 크게 거둘 수 있다. 평소 잘 사용하지 않는 방법으로 자극을 부여하면 발과 발목의 움직임이 향상되고, 관절과 근육의 민감성이 되살아난다.

발목으로 원 그리기

1. 의자를 두 개 준비한 뒤 한 의자에 앉고, 다른 의자에 오른쪽 다리를 쭉 뻗어 올린다. 이때 발목이 의자 밖으로 나가야 한다.
2. 양손으로 오른쪽 다리의 정강이 부위를 잡는다.
3. 발목을 왼쪽에서 오른쪽으로 돌려 원을 그리며 다리 근육의 움직임을 느껴본다.
4. 5~7회 반복한 후 방향을 바꿔 원을 그린다.
5. 반대쪽 발도 같은 방법으로 실시한다.

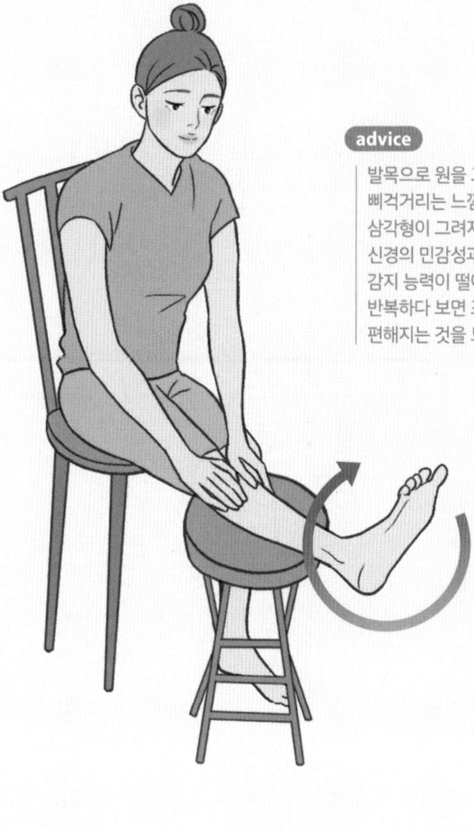

advice

발목으로 원을 그릴 때 삐걱거리는 느낌이 들거나 삼각형이 그려지는 사람이 있다. 신경의 민감성과 움직임에 대한 감지 능력이 떨어진 상태다. 반복하다 보면 조금씩 편해지는 것을 느낄 수 있다.

서서 발목 양옆으로 꺾기

❶ 바른 자세로 서서 오른쪽 다리의 발뒤꿈치를 살짝 든다.

❷ 발 앞쪽이 바닥에 닿은 상태에서 체중을 실어 발목을 좌우로 움직인다.

❸ 왕복 동작으로 5~7회 반복한 후 반대쪽 다리도 같은 방법으로 실시한다.

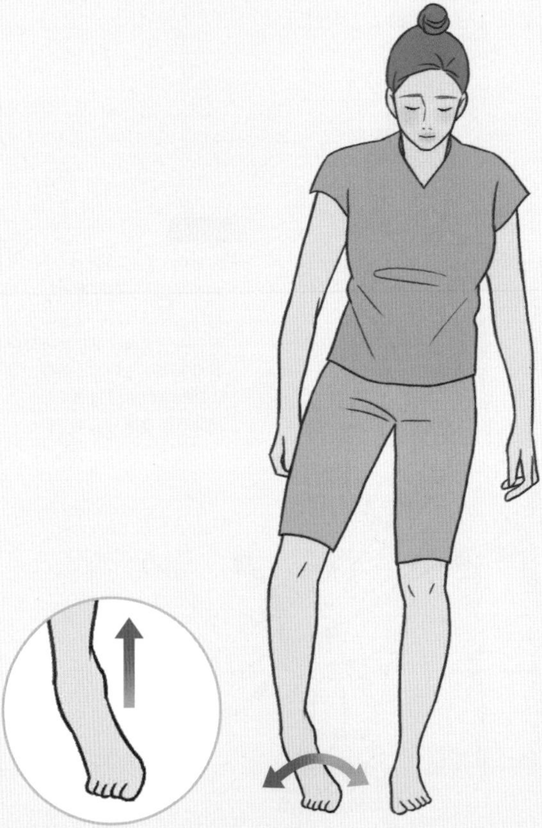

④ 이번에는 발바닥을 바닥에 댄 상태에서 오른쪽 발목을 바깥으로 꺾어 발바닥이 몸 안쪽을 향하게 한다.

⑤ 오른쪽 발목을 안쪽으로 꺾어 발바닥이 몸 바깥쪽을 향하게 한다.

⑥ 무릎이 너무 많이 움직이지 않도록 주의하며 왕복 동작으로 5~7회 반복한다. 반대쪽 다리도 같은 방법으로 실시한다.

PLUS EXERCISE

발뒤꿈치 바닥에 대고 발목 돌리기

발목을 좌우로 움직이는 동작을 했다면, 이번엔 발목을 돌려보자. 오른쪽 발의 뒤꿈치를 바닥에 대면서 발 앞쪽을 위로 들어 올린다. 발뒤꿈치를 축으로 삼아 발목으로 원을 그린다. 5~7회 반복한 후 반대 방향으로 원을 그린다. 반대쪽 발도 같은 방법으로 실시한다.

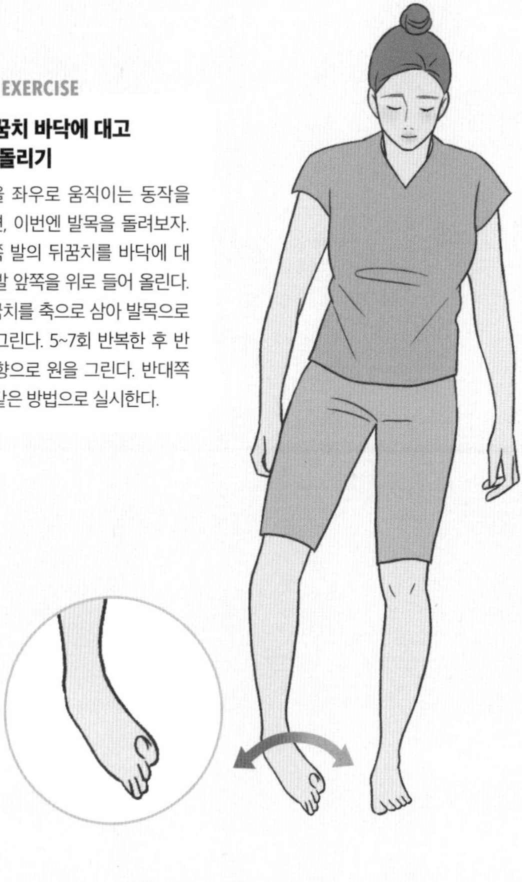

발과 발목의 근력 강화 운동

운동 효과

발과 발목의 근력 강화

발목 통증 완화

발목의 유연성 향상

본격적으로 발목의 근력을 강화해보자. 발목은 불안정성이 크기 때문에 근력을 강화해야 부상의 위험을 낮출 수 있다. 발목은 물론 종아리 근육인 비복근과 가자미근까지 충분히 자극받을 수 있도록 천천히 움직인다.

바닥에 무릎 대고 앉았다 일어서기

❶ 무릎을 꿇고 앉아 상체를 반듯하게 세운다. 이때 발등은 쭉 펴서 바닥에 댄다.

❷ 엉덩이를 천천히 낮춰 앉았다 일어난다. 이때 두 손은 자연스럽게 옆으로 내린다.

❸ 5~7회 반복한다.

advice

딱딱한 바닥에서 하면 무릎에 강한 자극이 올 수 있다. 매트가 없다면 침대 위에서 해도 좋다. 동작이 너무 어렵다면 양손을 무릎 앞 바닥에 짚고 내려가는 깊이를 조정하면서 운동한다.

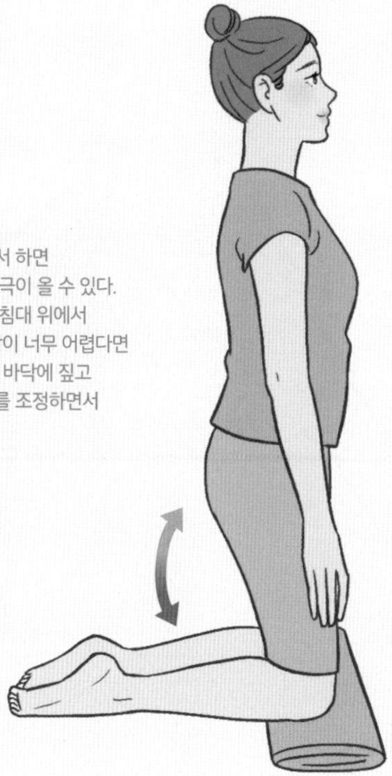

크게 엎드려 발 들었다 내리기

❶ 양손과 양발을 바닥에 대고 크게 엎드린다. 이때 양손과 양발은 어깨너비로 벌린다.

❷ 뒤꿈치를 위로 높이 올리면서 손 쪽으로 무게중심을 옮긴다. 허벅지 뒤쪽 근육이 팽팽하게 늘어나는 것을 느껴본다.

③ 이번에는 발바닥 전체가 바닥에 닿도록 발뒤꿈치를 당겨 내린다.

④ 발꿈치 들었다 내리는 동작을 5~7회 반복한다.

PLUS EXERCISE

다리 교차해 발 들었다 내리기

양손과 양발을 바닥에 대고 크게 엎드린 상태에서 한쪽 발을 반대쪽 발 뒤로 넘겨 딛는다. 두 발을 교차한 상태에서 발꿈치를 들었다 내리는 동작을 5~7회 반복한다.

advice

동작이 익숙해지면 두 다리를 몸쪽으로 조금씩 이동하며 운동 강도를 높인다.

의자 잡고 발목 들었다 내리기

1. 의자를 앞에 두고 바른 자세로 서서 양손으로 의자 등받이를 짚는다.
2. 오른쪽 무릎을 살짝 구부려 발목을 세운다.
3. 들어 올린 발의 발목과 발가락 부분이 늘어나는 것을 느껴본다.
4. 반대쪽 발도 같은 방법으로 실시한다.
5. 좌우 왕복 동작으로 5~7회 반복한다.

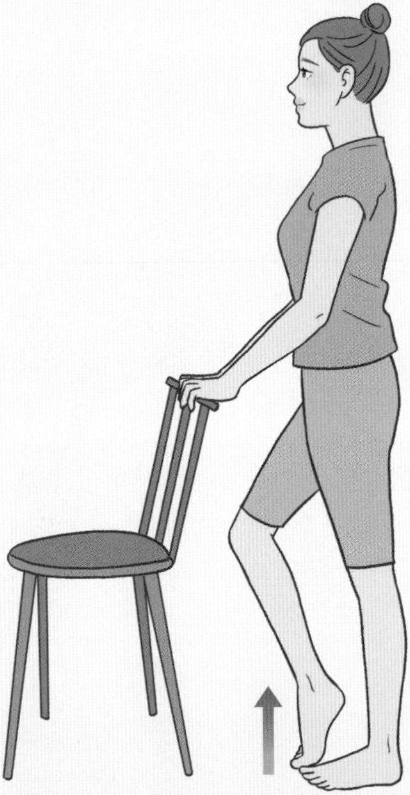

의자 잡고 발목 펴고 앉았다 일어나기

1. 의자를 앞에 두고 두 발을 어깨너비로 벌리고 선다.
2. 양손으로 의자 등받이를 짚고 양발의 뒤꿈치를 들어 올린다.
3. 그 상태에서 무릎을 굽혀 앉았다 일어난다. 이때 발과 발목은 움직이지 않고 자세를 그대로 유지한다.
4. 앉았다 일어서는 동작을 5~7회 반복한다.

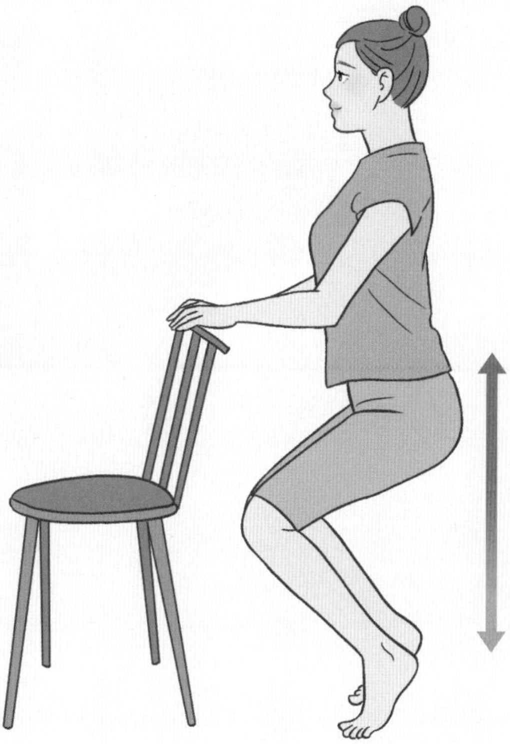

PART 4

스포츠의학 전문가가
풀어주는
통증·운동 Q&A

1

통증에 관한 궁금증

Q1

오십견은 50대에만 오나요?

오십견은 엄밀히 말해서 나이와 직접적인 연관은 없습니다. 50세 이후 발병 빈도가 높아 그런 이름이 붙여진 것뿐이지요. 정확한 병명은 유착성 관절낭염입니다. 오십견은 어깨 통증이 심해 관절의 움직임이 둔화되면서 차츰 굳어지며 나타납니다. 외상, 수술, 당뇨, 갑상선질환, 경추부 추간판탈출증, 심폐질환, 뇌졸중 등에 의해 유발될 수 있어요. 특별한 외상이나 질병 없이 나타나기도 합니다. 요즘은 30~40대도 오십견 증상을 겪는 사람이 많아지고 있어요. 어깨관절을 사용하는 습관에 따라 빠르게 노화가 진행되는 경우입니다.

Q2

오십견이 오면 되도록 어깨를 안 쓰는 게 좋나요?

오십견이 오면 어깨를 움직일 때 통증이 생겨 자유롭게 움직이기 어렵습니다. 관절의 불편과 통증이 지속되면 자연스레 몸이 긴장하고 움직임을 최소화하죠. 이렇게 되면 관절 주변 근육이 수축합니다. 근육 수축으로 신경이나 혈관이 압박을 받으면 통증이 더 생기거나 움직이기 불편해지지요.

오십견 증상을 완화하려면 통증이 느껴지지 않는 범위에서 관절을 움직여주는 동작을 해야 합니다. 가동 범위를 좁게 해 천천히 움직이면 관절 주변의 긴장했던 근육이 이완되지요. 또 통증 없이 움직임이 가능하다고 인지하면 두려움이나 압박감이 줄어 근육 수축을 최소화할 수 있습니다.

Q3

걸을 때 발바닥이 찌릿찌릿하면 그만 걸어야 할까요?

걷거나 달릴 때 발바닥에 찌릿찌릿한 불편한 감각이 느껴지면 일단 조금 쉬었다 걷는 게 좋습니다. 발목을 이리저리 돌려주고 발가락을 쫙 펴서 몇 번 움직인 다음에 다시 걸어보세요. 한두 번 찌릿찌릿하다 금새 좋아지면 다시 걸어도 됩니다. 하지만 찌릿찌릿한 증상이 사라지지 않고 계속된다면 운동을 중단하고 검사를 받아야 합니다. 일시적인 불편감이 아니라 족저근막염일 경우 무리한 운동은 증상을 악화시킬 수 있습니다.

Q4

운동 후에 오는 통증은 괜찮은 건가요?

근육을 많이 사용해서 나타나는 피로로 인한 근육통은 흔히 말하는 통증과는 다릅니다. 근육 사용으로 발생하는 경직과 피로 현상이라고 말하는 게 맞지요. 반대로 운동 부족으로 근육이 경직되고 피로가 쌓여서 오는 것이 우리가 흔히 말하는 통증입니다. 건강한 몸은 근육 스트레스가 쌓여도 시간이 지나면 점차 감소하다 해소됩니다.

Q5

골절이 아물어서 엑스레이상 아무 문제가 없는데 여전히 아파요. 왜 그런 걸까요?

1차 손상 후 발생한 통증은 상처가 아물면서 사라졌는데, 과한 긴장과 두려움이 뇌에 반응을 일으켜 통증이 있는 것처럼 느끼는 것입니다. 이를 '중추감작'이라고 해요. 통증이 학습되어 상처가 아문 뒤에도 흔적이 남아 있는 현상입니다. 가벼운 골절은 통상 4주 정도면 아물지만 근골격계 통증은 6개월에서 길면 2년 이상 지속됩니다.

2

운동에 관한 궁금증

Q1

뻣뻣한 관절은 끝까지 펴주는 게 좋을까요?

스트레칭을 할 때 펴지지 않는 관절에 강한 힘을 주는 것은 매우 위험한 행동입니다. 스트레칭을 할 때는 내 몸이 가능한 범위에서 천천히 늘여주는 게 좋습니다. 관절이 당기는 느낌이 드는 정도가 적당하죠. 아플 정도로 늘려선 안 됩니다. 인대를 과도하게 늘이는 과한 스트레칭 동작도 피해야 하지요. 인대가 늘어나 제 기능을 하지 못하면 주변 근육이 관절을 안정시키기 위해 경직됩니다. 근육 경직으로 신경이 압박을 받아 통증이 생길 위험도 있습니다.

Q2

스트레칭은 근육이 찢어지는 느낌이 들 때까지 해야 효과가 있나요?

적절한 스트레칭은 뭉쳤던 근육을 이완시켜 운동 중 부상 위험을 줄이고, 몸의 좌우 균형을 맞추는 등 다양한 효과를 냅니다. 하지만 스트레칭도 과하면 관절이나 인대를 약하게 만들어 통증뿐 아니라 질병을 유발할 수 있어요. 과한 스트레칭으로 인대가 과도하게 늘어나면 뼈가 흔들리는 불안정한 상황이 지속되면서 관절 손상이 일어납니다.

특히 근육이 늘어나는 자세를 15~20초간 유지하는 정적 스트레칭은 생각보다 효과가 없을뿐 아니라 부상의 위험이 큽니다. 운동 전에는 정적인 스트레칭보다 동적인 스트레칭이 더 효과적이죠. 정적으로 자세를 유지하기보다 관절을 움직이는 동작이 근육의 길이를 늘이고 관절을 유연하게 만드는 데 도움이 됩니다.

Q3

윗몸일으키기,
과연 해도 될까요?

최근 윗몸일으키기가 척추 건강에 악영향을 끼친다는 주장이 지속적으로 나오고 있습니다. 반면 정확한 자세로 하면 문제가 없다는 전문가들의 반박도 만만치 않죠. 윗몸일으키기 운동 자체는 문제가 없고 자세만 바로 하면 복근 강화에 효과적입니다. 운동하다 부상이 생기는 이유는 정확한 자세로 하지 않기 때문이에요. 윗몸일으키기를 안전하게 하려면 발바닥이 바닥에 닿은 상태에서 무릎은 접되, 어깨와 목에 힘을 주지 않고 복근에 집중해서 운동해야 합니다. 운동할 때 속도도 중요하지요. 무조건 빠르게 하려고만 하면 경추와 척추가 과도하게 구부려져서 올라가게 됩니다. 한 번을 하더라도 천천히 올라갔다 내려가면 근육을 키우는 데 더 효과적입니다.

Q4

플랭크는 오래 할수록 좋나요?

플랭크는 엎드린 상태에서 몸통을 들어 올려 머리부터 발끝까지 일직선을 만든 자세로 버티는 운동입니다. 그러나 이 운동 역시 허리 건강의 정도에 따라 하지 말아야 하는 사람이 있습니다. 허리 건강에 자신이 없는 사람은 운동하기 전에 미리 의사와 상의하는 게 좋겠지요? 플랭크 자세로 버티면서 목이나 어깨 근육을 같이 쓰면 오히려 부상을 입을 수 있기 때문입니다. 플랭크 자세 역시 정확한 자세로 하는 게 무엇보다 중요합니다. 운동 시간은 1분을 넘기지 않도록 하세요.

Q5

상체 운동을 할 때 바벨을 최대 무게로 해서 근력을 키워야 효과가 있을까요?

상체를 키우기 위해 팔굽혀펴기나 바벨 들어 올리기를 무리하게 하면 이두박건염이 생기기 쉽습니다. 이두박건염은 이두박근에 염증이 생기는 증상이에요. 이두박근은 흔히 알통이라 부르는 부위로, 어깨 앞쪽에 손을 댄 상태에서 팔꿈치를 90도 굽히고 좌우로 돌릴 때 만져지는 힘줄입니다. 이곳을 누르거나 근육 운동을 할 때 통증이 있으면 이두박건염을 의심해야 합니다.

따라서 어깨 부상을 피하려면 어깨에 무리가 가는 동작을 피하고 어깨에 큰 압력이 가해지는 것을 막아야 합니다. 팔굽혀펴기는 무릎을 바닥에 대고 푸시업을 하는 낮은 강도로 시작해보세요. 바벨은 중량에 집착하기보다 바른 자세를 유지하는 데 신경 써야 합니다.

Q6

운동 후에 시원한 물로 수분을 보충해도 될까요?

운동 직후에는 위장 기능이 떨어집니다. 혈액이 근육에 전달되어 위나 장 같은 소화기관으로 가는 혈액량이 상대적으로 줄기 때문이죠. 이로 인해 위장의 연동운동이나 소화액 분비가 느려집니다. 이때 찬물을 마시면 안 그래도 기능이 떨어진 위장이 자극을 받아 더 기능을 못 하게 되지요. 운동 후에는 미지근한 물을 250~300mL 정도 마시는 게 좋습니다.

Q7

개인 PT를 시작하려고 하는데, 어떤 기준으로 트레이너를 선정해야 할까요?

좋은 트레이너는 운동하는 사람에게 자신감을 부여해 줍니다. 정규과정을 통해 인체에 관해 충분히 공부하고 사람의 몸과 마음에 밝은 사람이 좋은 트레이너이지요. 트레이너가 사람의 몸과 건강에 관심이 있는지, 나에게 관심이 있는지 먼저 충분히 이야기를 나눈 후 결정하는 게 좋습니다.

부록

움직임이 회복되는
하루 10분 운동 루틴

목이 뻣뻣하고 뒷골이 당긴다면

목 빼고 당기기(101쪽)

머리 한쪽으로 밀며 손으로 버티기(99쪽)

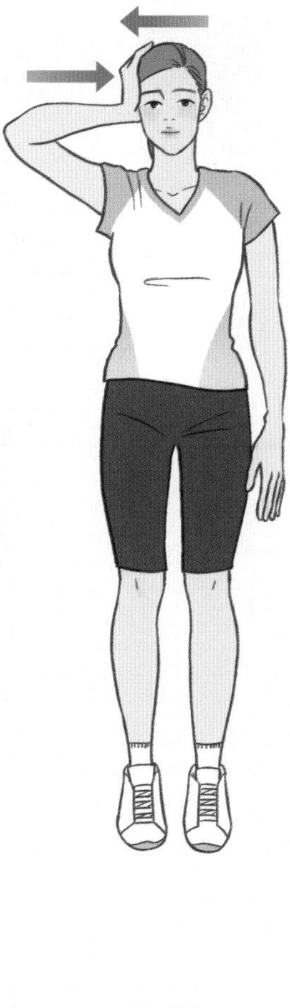

좌우로 목 돌려 숙이기(95쪽)

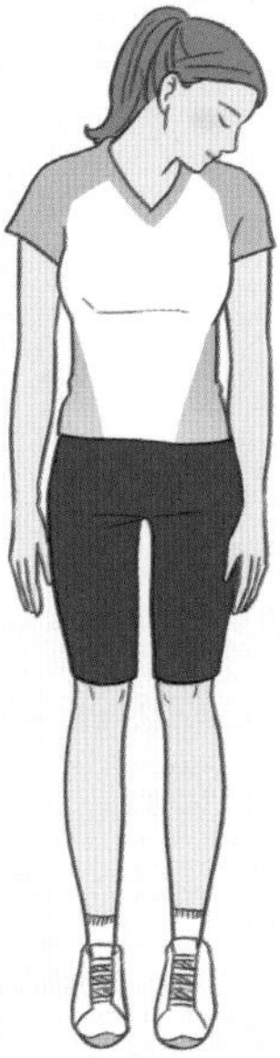

하루 종일 책상에 앉아
어깨와 등이 굳었다면

배트맨 어깨 운동
(117쪽)

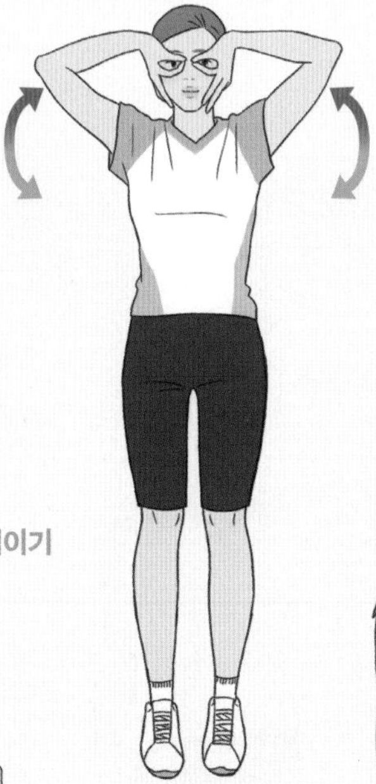

칙칙폭폭 어깨 돌리기
(121쪽)

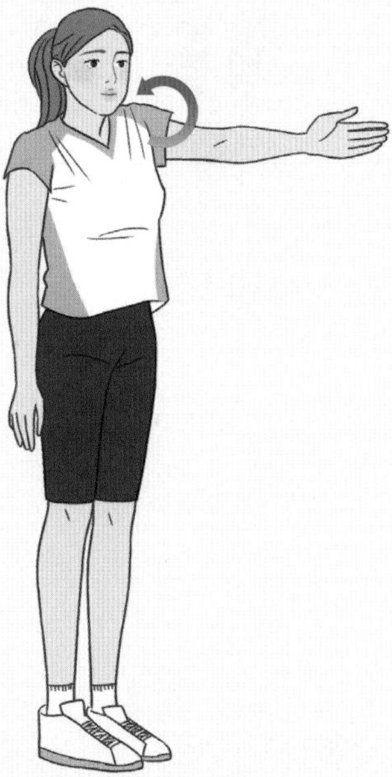

팔 위아래로 교차해 움직이기
(114쪽)

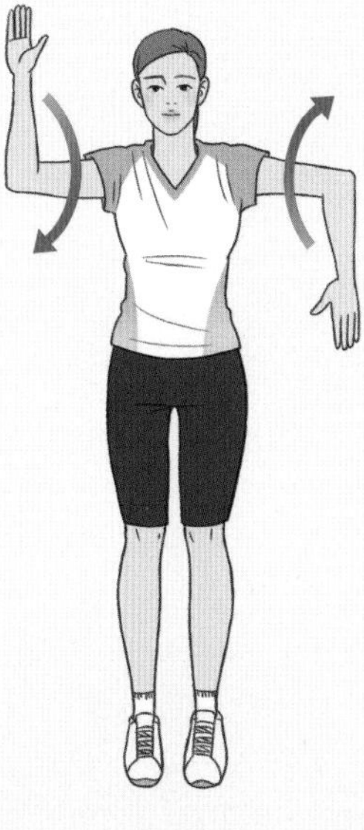

손 머리에 대고 흉추 돌리기

(161쪽)

흉추돌려서 옆구리 늘이기

(153쪽)

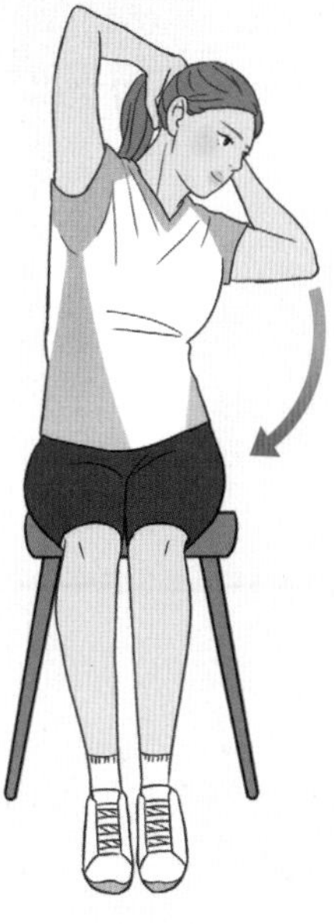

서서 등 근육 모으기

(163쪽)

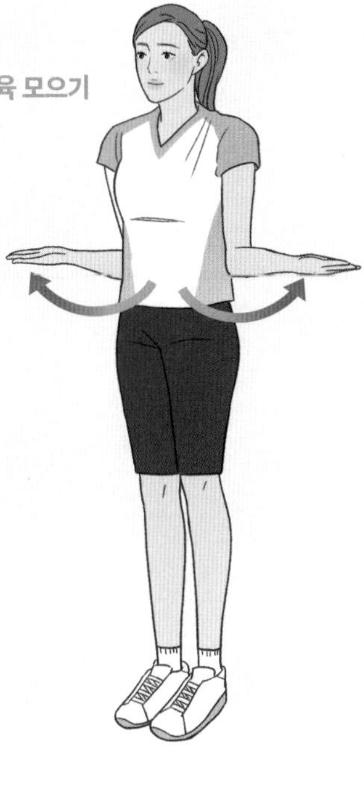

허리가 묵직하고 골반까지 아프다면

런지 자세로 허리 돌리기
(140쪽)

허리 뒤로 돌리기
(135쪽)

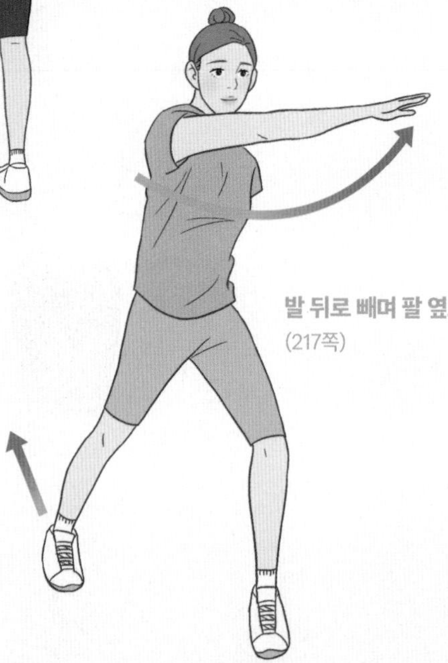

발 뒤로 빼며 팔 옆으로 돌리기
(217쪽)

골반 벌리고 앉아 팔꿈치로 무릎 밀기

(215쪽)

두 다리 좌우로 넘기기

(177쪽)

한쪽 무릎 앞으로 밀면서 상체 돌리기

(179쪽)

무릎과 발목에 찌릿찌릿
기분 나쁜 통증이 나타난다면

크게 엎드려 발 들었다 내리기

(261쪽)

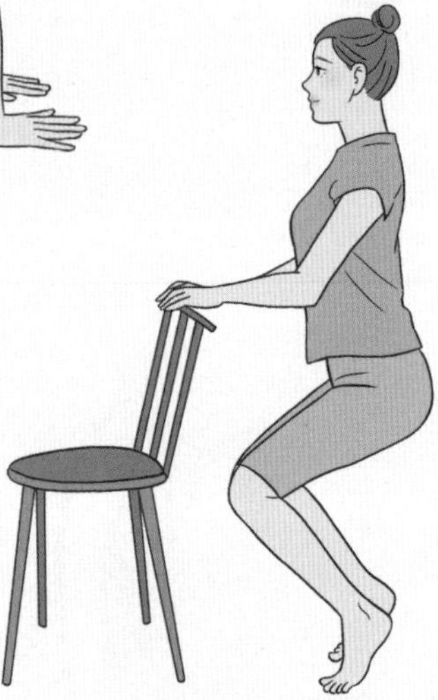

의자 잡고 발목 펴고 앉았다 일어나기

(263쪽)

발목 펴고 당기기

(253쪽)

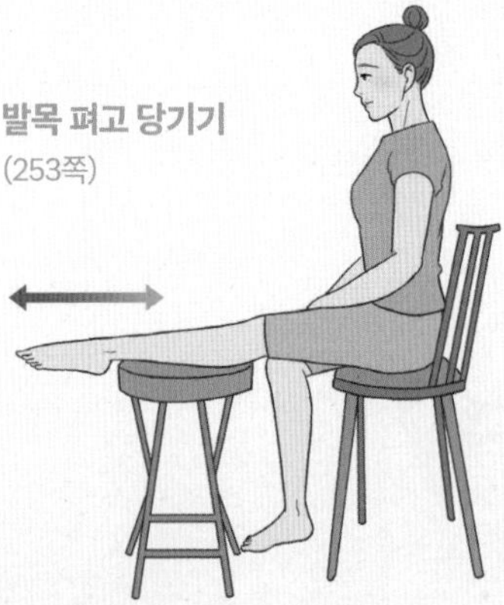

한 발 스쿼트
(195쪽)

한 발로 서서 앞뒤 양옆으로 발차기
(201쪽)

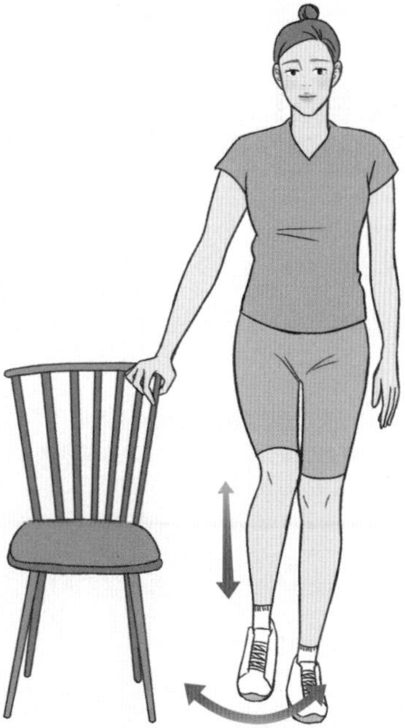

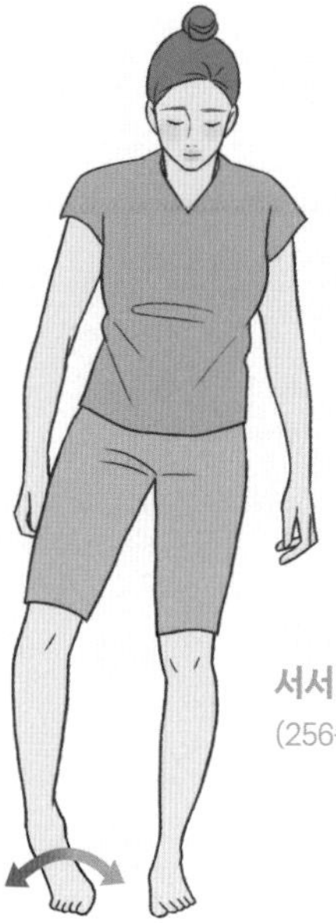

서서 발목 양옆으로 꺾기
(256쪽)

EBS 클래스ⓔ 시리즈 25

운동 말고 움직임 리셋

1판 1쇄 발행 2022년 1월 5일
1판 7쇄 발행 2023년 7월 17일

지은이 홍정기

펴낸이 김유열
편성센터장 김광호 | **지식콘텐츠부장** 오정호
지식콘텐츠부·기획 장효순, 최재진, 서정희 | **마케팅** 최은영 | **제작** 윤석원
북매니저 윤정아, 이민애, 정지현, 경영선
방송 김형준, 김미란, 유지영, 이세라, 이유선

책임편집 장문정 | **디자인** 정윤경 | **인쇄** 우진코니티

펴낸곳 한국교육방송공사(EBS)
출판신고 2001년 1월 8일 제2017-000193호
주소 경기도 고양시 일산동구 한류월드로 281
대표전화 1588-1580 **홈페이지** www.ebs.co.kr
이메일 ebs_books@ebs.co.kr

ISBN 978-89-547-6281-6 04300
978-89-547-5388-3 (세트)